FUN FOOD

Kreative Ideen aus der Küche

Inhalt

Mit dem Essen spielt man nicht!

Generationen von Kindern hörten immer wieder dieselbe Ermahnung. Doch die Rezepte dieses Buches bilden die viel zitierte Ausnahme der Regel. Sie sind zum Spielen geschaffen worden!

Und mit Essen spielt man doch!

Ob fürs Partybuffet, für die Adventszeit, zum Kindergeburtstag, als essbarer Liebesgruß zum Valentinstag oder als besonderes Geschenk für die beste Freundin – die Rezepte dieses Buches sind vielleicht nichts für jeden – aber für die ganz besonderen Tage des Jahres, von denen es nie genug geben kann. Allesamt sind es kreative Ideen, die aus Essbarem einen Augenschmaus machen, immer versehen mit einem Augenzwinkern. Dabei sind die Rezepte leicht umzusetzen. Ganz bewusst wurde auf allzu kompliziertes Pâtisserie-Handwerk ebenso verzichtet wie auf filigrane Schnitzarbeiten oder Molekularküchen-Leihgaben. Wir wollten keine Rezepte für Profiköche kreieren, sondern für verspielte Menschen, die ein bisschen Kind geblieben sind.

Vorbereitung und Haltbarkeit

Gerade wenn Partybuffets oder Feiern durch essbares Beiwerk kreativ verschönert werden sollen, ist es ein großer Vorteil, wenn möglichst viel im Vorfeld erledigt werden kann. Doch wie lange sind die kleinen Kunstwerke haltbar? Und was lässt sich entspannt im Vorfeld erledigen?
Die folgende Übersicht liefert Wissenswertes rund um Haltbarkeit und Aufbewahrung:

Baiser
Luftdicht verpackt hält sich Baiser wochenlang ohne pappig oder zäh zu werden. Das Schaumgebäck kann also weit im Vorfeld gebacken werden, am besten immer dann, wenn man sowieso etwas Eiweiß übrig hat.

Blätterteig
Am besten schmeckt Blätterteig, wenn er tatsächlich frisch am gleichen Tag gebacken und verzehrt wird. Wenn es aber mal tatsächlich nicht anders geht: Bereits gebackener Blätterteig sollte nur mit einem Küchentuch bedeckt aufbewahrt werden, sonst wird er weich. Am besten das Gebäck vor dem Verzehr noch einmal kurz aufbacken.

Brioche-Teig/Hefeteig
Brioche- und Hefeteig kann vor der eigentlichen Ruhephase gut über Nacht abgedeckt im Kühlschrank deponiert werden. Am Backtag dann herausnehmen – und während der Teig auf Zimmertemperatur gebracht wird, geht er nochmals auf. Frisches Hefegebäck kann auch tiefgefroren werden. Vor dem Verzehr sollte es langsam im Kühlschrank aufgetaut und im Backofen nochmals kurz aufgebacken werden.

Cake Pops
Cake-Pops können gut tiefgekühlt aufbewahrt und somit weit im Voraus zubereitet werden. Sind die Cake Pops bereits am Stiel und verziert, bleiben Sie im Kühlschrank luftdicht verpackt weitere 3 Tage frisch und lecker.

Götterspeise
Götterspeise kann bereits 3 Tage vor Verzehr zubereitet und im Kühlschrank aufbewahrt werden.

Mürbeteig
Ungebackener Mürbeteig kann tiefgekühlt auf Vorrat zubereitet und portioniert in Tiefkühlbeuteln aufbewahrt werden. In diesem Fall muss er vor der Weiterverarbeitung langsam im Kühlschrank aufgetaut werden.

Rührteig
Rührteig schmeckt am besten 1–2 Tage nach dem Backen. Gebackener Rührteig kann allerdings auch tiefgekühlt aufbewahrt werden. Vor dem Verzehr sollte das Gebäck dann langsam im Kühlschrank aufgetaut und nochmals kurz im Backofen aufgebacken werden.

Quark-Öl-Teig
Gebäck aus Quark-Öl-Teig schmeckt am allerbesten ganz frisch und sollte am Backtag verzehrt werden. Dafür ist er aber auch im Gegensatz zu vielen anderen Teigsorten wirklich superschnell zubereitet.

Fondant, Schmelzdrops, Ganache, Icing – was ist das eigentlich?

Fondant
Pastenähnliche Zuckermasse, die es mittlerweile in allen Farben gibt. Zum Teil sogar schon ausgerollt. Hauptsächlich wird Fondant als schützender und dekorativer Mantel für Torten, Cake-Pops und Petit Fours verwendet. Der Vorteil gegenüber Marzipan: Fondant kann besser eingefärbt und geformt werden.

Schmelzdrops, auch Candy Melts
Kleine Schokoladenplättchen, die es in vielen verschiedenen Farben gibt. Sie können im Wasserbad geschmolzen werden und eignen sich als Überzug für Cake-Pops.

Ganache
Eine einfache französische Creme aus Sahne, bisweilen auch Frischkäse, und Schokolade. Je nach Verhältnis von Sahne und Schokolade zueinander wird die Mischung cremig-fest oder bleibt flüssig und wird, wenn alles kalt ist, mit den Rührbesen des Handrührers schaumig aufgeschlagen.

Icing
Zum einen ein spezieller, cremiger Überzug aus geschlagenem Eiweiß und Puderzucker, zum anderen generell hauptsächlich weiße, cremige Überzüge, also auch Buttercremes oder Frischkäsecremes.

Sonderzubehör

Wer kreativ sein möchte, braucht – gerade im Süßbereich – ein bisschen Handwerkszeug, das es nicht unbedingt im Supermarkt um die Ecke gibt. Die Rede ist von Fondant, Lebensmittelfarbe in verschiedenen Farben in Pasten- oder Puderform und Deko-Zutaten wie zum Beispiel essbarem Glitter. Im Internet gibt es jedoch jede Menge Anbieter, die sich genau darauf spezialisiert haben.
Sicher ist ein guter Spritzbeutel für vielerlei Rezepte unentbehrlich. Hier lohnt es sich, etwas Geld in einen Profispritzbeutel zu investieren. Dabei sollte darauf geachtet werden, dass der Beutel kochfest ist und somit gut sauber gehalten werden kann. Auch sollten die Tüllen von Außen zu wechseln sein. Damit entfällt glitschiges Hantieren mit Creme und Co., die Hände bleiben sauber, die Creme quillt nicht über und die Ergebnisse können sich sehen lassen.
Lassen Sie sich inspirieren und genießen Sie schon beim Backen, Basteln und Arrangieren die Vorfreude auf die vielen Ah's! und Oh's! Ihrer Gäste und Beschenkten.
Sie werden begeistert sein, mit welch geringem Aufwand tolle Ergebnisse erzielt werden können.
Viel Spaß!

Tierisch lustig

Oktopussy im Fetacreme-Meer

Von 1 Paprikaschote die Oberseite mit Stiel glatt abschneiden. Die Schote vorsichtig putzen und entkernen, dann waschen und trocken tupfen. Im unteren Drittel der Paprika mit einem Apfelausstecher vorne 2 Löcher stechen. Dann von innen vorsichtig die Perlzwiebeln in die Öffnungen drücken. Die zweite Paprikaschote putzen, waschen, trocknen und in Streifen schneiden.

Für den Dip den Feta würfeln. Mit Magerquark und Milch pürieren. Die Knoblauchzehe schälen und dazupressen.

Schnittlauch waschen, trocken tupfen und einige Halme zur Deko beiseitelegen. Die restlichen Halme in feine Röllchen schneiden. Unter die Fetacreme rühren und alles mit Salz, Pfeffer und Paprikapulver würzen. Die Creme in eine Schale geben und wellenartig verstreichen.

Die Paprikaschote mit der Öffnung nach unten hineinsetzen. Die Olive klein hacken. Mit einem Schaschlikspieß oder Zahnstocher kleine Löcher in die Augen bohren und Olivenstückchen als Pupillen einsetzen. Nun die Paprikastreifen als Tentakeln kreisförmig um die Schote anordnen. Zum Schluss die beiseitegelegten Schnittlauchhalme dekorativ als Seegras in die Fetacreme setzen.

Für 1 Oktopus

2 rote Paprikaschoten
200 g Feta
400 g Magerquark
40 ml Milch
1 Knoblauchzehe
1 Bund Schnittlauch
Salz
Pfeffer
Paprikapulver

Außerdem

2 Perlzwiebeln aus dem Glas
1 schwarze Olive ohne Stein

Zubereitungszeit ca. 20 Minuten

Brötchenmäuse

Für ca. 12 Mäuse

Für den Teig
250 g Magerquark • 40 g Zucker • 1 P. Vanillezucker • Salz • 1 Ei • 3 El Sonnenblumenöl • 7 El Milch • 350 g Weizenvollkornmehl • 1 P. Backpulver

Außerdem
Mehl für die Arbeitsplatte • Rosinen und Mandelblättchen zum Verzieren • 1 Eigelb • 1 El Sahne • 3 Lackritzrollen für die Mäuseschwänzchen

Zubereitungszeit ca. 30 Minuten
(plus ca. 10 Minuten Zeit zum Ruhen, ca. 20 Minuten Backzeit und ca. 30 Minuten Zeit zum Auskühlen)

Den Backofen auf 175 °C vorheizen. Ein Backblech mit Backpapier auslegen. Quark mit Zucker, Vanillezucker, 1 Prise Salz, Ei, Sonnenblumenöl und Milch glatt rühren. Das Vollkornmehl mit dem Backpulver mischen. Nach und nach unter die Quarkmasse rühren. Den Teig abdecken, ca. 10 Minuten ruhen lassen, danach nochmals kräftig mit der Hand durchkneten.

Den Teig auf einer bemehlten Arbeitsplatte zur Rolle formen und in ca. 12 gleich große Stücke teilen. Diese erst zur Kugel rollen und dann leicht tropfenförmig an einer Seite zusammendrücken. Dieses Stück ergibt dann die Nase. Die Mäuse gleichmäßig auf dem Backblech verteilen.

Oberhalb der Nase jeweils 2 Rosinen als Augen in den Teig drücken. Am besten nimmt man hierfür einen Löffelstiel. Dann oberhalb am Kopf 2 Mandelblättchen als Ohren in den Teig stechen. Mäuschen in den Ofen schieben und auf der mittleren Einschubleiste ca. 20 Minuten goldbraun backen. Nach 10 Minuten Backzeit das Eigelb mit der Sahne verquirlen, die Mäuse damit bestreichen und fertig backen. Herausnehmen und auf einem Kuchengitter vollständig auskühlen lassen.

Mit einem Schaschlikspieß hinten an den Mäusen ein Loch bohren. Die Lackritzrollen entrollen und in Stücke schneiden. Jeweils einen Lakritzfaden als Schwänzchen in die Maus stecken. Noch ein Tipp: Quark-Öl-Teig schmeckt am besten ganz frisch.

Für 12 kleine Raupen

1 Glas zusammenhängende Mini-Wiener (190 g) • mehrere schöne Blätter Blattsalat • 6 Mini-Mozzarellakugeln

6 Kirschtomaten • 1 Stängel krause Petersilie • etwas Kresse • 1 Tl Ketchup • 1 Tl Mayonnaise • Zahnstocher

Zubereitungszeit ca. 15 Minuten

Würstchenraupe

Die Würstchen in ein Sieb geben, abtropfen lassen und in 12 Stücke teilen. Diese können ruhig unterschiedlich lang sein. Die Salatblätter waschen, trocken tupfen und auf einer Platte auslegen. Die Würstchenketten darauf anrichten.

Die Mozzarellakugeln ebenfalls abtropfen lassen und trocken tupfen. Die Kirschtomaten waschen, trocknen und den Stielansatz entfernen. Die Petersilie waschen, trocken tupfen und die Blätter abzupfen. Die Kresse vorsichtig abschneiden, waschen und trocken tupfen.

Mit einem Zahnstocher in die Tomaten ein kleines Loch bohren und jeweils 1–2 Petersilienblättchen als Haarbüschel hineinstecken. In die Mozzarellakugeln ebenfalls kleine Löcher bohren und kleine Kressebüschel hineinstecken.

Für die Gesichter der Raupen die Mozzarellakugeln mit Ketchup und die Tomaten mit Mayonnaise bemalen. Dafür einen Zahnstocher in Ketchup oder Mayonnaise tauchen und damit vorsichtig vorne 2 Augen und einen Mund tupfen. Anschließend die verzierten Mozzarellakugeln und Tomaten als Raupenköpfe an die Würstchenketten legen.

Spaghetti-Spinnen

Für 4 Portionen

400 g Spaghetti
8 Wiener Würstchen
1 Zwiebel
1 Knoblauchzehe
1 El Olivenöl
500 ml passierte Tomaten
1 Tl gerebelter Organo
1 Lorbeerblatt
Salz, Pfeffer

Außerdem
Zahnstocher
Mayonnaise
Kapern

Zubereitungszeit ca. 30 Minuten
(plus ca. 10 Minuten Kochzeit)

Die Spaghetti in der Mitte durchbrechen. Die Würstchen in ca. 2,5 cm lange Stücke teilen. Die Wurststücke mit einem Zahnstocher 4–6 Mal durchstechen und in die Löcher vorsichtig die Spaghetti stecken, sodass die Wurst ungefähr in der Mitte der Spaghetti steckt.

Die Zwiebel und die Knoblauchzehe schälen und hacken. Beides in einer Pfanne im heißen Olivenöl bei mittlerer Hitze glasig dünsten. Die passierten Tomaten dazugießen. Oregano und Lorbeerblatt dazugeben, salzen und pfeffern. Aufkochen und ca. 10 Minuten einköcheln lassen.

Inzwischen für die Spaghetti-Spinnen ausreichend Salzwasser aufkochen und die Spaghettiabschnitte mit den Wurststücken nach Packungsanweisung gar kochen. Dann in ein Sieb abgießen. Zum Servieren das Lorbeerblatt entfernen, die Tomatensauce auf Teller verteilen und die Wurstspinnen darauf anrichten. Mithilfe von je zwei Mayonnaisekleksen pro Spinne je zwei kleine Kapern als Augen fixieren.

Fruchtiger Haifisch

Für 1 Haifisch

1 große, ovale Wassermelone • 1 Honigmelone • 1 Handvoll blaue Trauben

Zum Verzieren

ca. 10 Fruchtgummifische • 2 runde Lakritzdrops • 1 El Frischkäse • 4–5 Zahnstocher

Zubereitungszeit: ca. 30 Minuten

Die Wassermelone waschen und trocknen. Das hintere Drittel leicht schräg abschneiden, aushöhlen und beiseitelegen.

Die restliche Melone ebenfalls aushöhlen. Das Fruchtfleisch würfeln und in eine Schüssel geben. Die Honigmelone halbieren, die Kerne und Fasern entfernen, das Fruchtfleisch herauslösen und ebenfalls würfeln. Mit den Wassermelonenstücken in der Schüssel mischen. Die Trauben waschen, trocken tupfen, abzupfen und ebenfalls in die Schüssel geben.

Aus dem größeren Wassermelonenstück das Maul herausschneiden. Am einfachsten geht das, wenn man vorne an der Melonenspitze gerade herunterschneidet (ca. 15 cm) und dann schräg von der Seite die Kerbe hineinschneidet. Nun an beiden Rändern vorsichtig die grüne Schale in einem ca. 1,5 cm breiten Streifen entfernen, sodass das weiße Fruchtfleisch sichtbar wird. Dort mit einem scharfen Messer Zähne hineinritzen.

Den Haifischkopf auf eine große Platte stellen und mit den gewürfelten Melonenstücken füllen.

Aus dem kleineren, beiseitegelegten Melonenstück 2 runde (ca. 4 cm Ø) Schalenkreise ausstechen und außerdem ein Dreieck für die charakteristische Haifisch-Rückenflosse herausschneiden. Die Flosse mit 2 Zahnstochern auf dem Haifischkörper befestigen. Aus den Schalenkreisen das Fruchtfleisch entfernen und die Kreise als Augen mit der Schale nach unten mithilfe von je 1 Zahnstocher an den Haifischkopf befestigen. Mit Frischkäse je 1 Lakritzdrop als Pupille hineinkleben. Den restlichen Obstsalat zum Nachfüllen verwenden. Den Hai mit Fruchtgummifischen dekoriert servieren.

Für 1 Brötchen

1 Sesambrötchen • 2 Tl Butter • 1 kleines, hart gekochtes Ei • Salz • 1 Scheibe Gouda • Mayonnaise • 4 Scheiben Salami • 1 Grissini • 1 Stück Salatgurke (ca. 10 cm, der dünnere Teil vor dem Stielansatz) • 1 schwarze Olive ohne Stein • etwas Dill

Zubereitungszeit ca. 10 Minuten

ELEFANTENBRÖTCHEN

Das Brötchen halbieren und beide Hälften dünn mit Butter bestreichen. Das Ei pellen, 2 mittlere Scheiben beiseitelegen. Den Rest auf der unteren Brötchenhälfte verteilen. Leicht salzen. Dann den Käse darauflegen, dabei den Käse so zurechtschneiden, dass er nicht übersteht.

Die obere Brötchenhälfte quer halbieren. Mit etwas Mayonnaise auf der unteren Brötchenhälfte gegeneinander aufstellen. Die Salamischeiben an einer Seite etwas begradigen und jeweils zwei Scheiben als Ohren zwischen die Brötchenhälften klemmen.

Grissini halbieren und als Stoßzähne auf das Käsebrötchen legen, sodass die Enden unter der halben Brötchenhälfte verschwinden. Die Salatgurke waschen, trocken tupfen und in Scheiben schneiden. Als Rüssel zwischen den Grissinistücken auf der unteren Brötchenhälfte auflegen und auf den Teller herunterlaufen lassen.

Mit etwas Mayonnaise die beiseitegelegten Eischeiben als Augen über den Rüssel kleben. Aus der schwarzen Olive 2 Pupillen abschneiden und mit etwas Mayonnaise auf die Eischeiben kleben. Zum Schluss den Dill waschen und trocken tupfen. 1 kleines Blattbüschel abzupfen und als Haare zwischen die Ohren stecken. Den Rest als Elefantenschwänzchen hinten unter den Käse schieben und heraushängen lassen.

Birnen-Igel auf Vanillesauce

Für 10 Igel

Für die Igel
500 ml Apfelsaft
250 ml Weißwein
150 g Zucker
2 P. Vanillezucker
2 unbehandelte Zitronen
5 mittelgroße, feste Birnen
250 g Zartbitter-Kuvertüre
20 kleine blaue Schokolinsen
80 g Mandelstifte

Für die Vanillesauce
1 Vanilleschote
500 ml Milch
25 g Speisestärke
40 g Zucker
2 Eier, Salz

Zubereitungszeit ca. 50 Minuten (plus ca. 15 Minuten Kochzeit und ca. 30 Minuten Zeit zum Abkühlen)

Für die Igel den Apfelsaft und den Weißwein mit dem Zucker und dem Vanillezucker in einen Topf geben. Die Zitronen heiß waschen, die Schale abreiben, die Früchte auspressen. Beides zum Apfelsaft geben und aufkochen lassen. Die Birnen waschen, schälen, und halbieren. Die Stiele und das Kerngehäuse entfernen. In den kochenden Apfelsaft legen (falls sie nicht ganz bedeckt sind, noch etwas Apfelsaft dazugießen) und ca. 15 Minuten köcheln lassen. Wenn die Birnen weich sind, den Topf vom Herd nehmen und die Birnen im Sud abkühlen lassen.

Die Birnen aus dem Sud nehmen, trocken tupfen und mit der runden Seite nach oben auf ein Kuchengitter legen. Die Kuvertüre hacken und im heißen Wasserbad schmelzen. Die Birnen bis auf einen Ausschnitt für die Igel-Gesichter mit der Kuvertüre bestreichen. Mit der restlichen Kuvertüre 2 Augen markieren. Auf die Augen die blauen Schokolinsen drücken. Anschließend eine Igelnase malen. Die Igelkörper mit Mandelsplitter spicken und alles für ca. 30 Minuten kühl stellen.

Für die Vanillesauce die Vanilleschote aufschneiden und das Mark herauskratzen. 4 Esslöffel kalte Milch abnehmen und die Speisestärke darin anrühren. Die restliche Milch mit dem Zucker, der Vanilleschote und dem Mark aufkochen. Die angerührte Speisestärke dazugeben, alles aufkochen lassen, dann vom Herd nehmen.

Die Eier trennen, Eiweiß mit 1 Prise Salz steif schlagen, bis zur weiteren Verwendung kühl stellen. Eigelb mit etwas heißer Vanillesauce verquirlen, dann die restliche heiße Vanillesauce dazurühren. Abkühlen lassen, dann das Eiweiß unterziehen.

Die Igel auf der Vanillesauce anrichten und servieren.

Tipp: Wenn Kinder mitessen, ersetzen Sie den Weißwein durch weiteren Apfelsaft. Statt der selbst gemachten Vanillesauce sollten Sie wegen der rohen Eier eine Fertigsauce verwenden.

Hot Dog

Das Würstchen langsam in heißem Wasser erhitzen. Das Brötchen längs halbieren. Beide Hälften mit Ketchup bestreichen. Die Schalotte schälen und in dünne Scheiben hobeln. Auf der Brötchen-Unterseite verteilen. Die Tomate waschen, trocknen und den Stielansatz entfernen. 1 ovales Schalenstück abschneiden. Als Zunge beiseitelegen. Die restliche Tomate in dünne Scheiben schneiden.

Die Tomatenscheiben auf der Brötchen-Unterseite verteilen, salzen und pfeffern. Die gelbe Paprikaschote putzen, waschen, trocknen und die Frucht halbieren. 2 kreisrunde Stücke als Augen herausschneiden. Das heiße Würstchen auf die Tomatenscheiben legen, sodass es an einer Seite als Schwanz aus dem Brötchen heraussteht. Die Brötchen-Oberseite auflegen und leicht andrücken. Die Tomatenzunge auf der gegenüberliegenden Seite wie auf dem Foto zwischen die Brötchenhälften klemmen.

Die gelben Paprikastücke als Augen mit etwas Ketchup aufkleben. Aus 1 schwarzen Olive 2 kleine runde Kappen abschneiden. Mit Ketchup als Pupillen auf die Paprikastücke kleben. Zum Schluss als Schnauze die zweite Olive quer halbieren und 1 Hälfte auflegen. Mit Ketchup fixieren. Den Schmelzkäse in 2 Dreiecke teilen. Auf jeder Seite direkt hinter den Augen 1 Dreieck anlegen, sodass 1 Spitze nach oben zeigt und der Käse unten gerade abschließt. Dann die hintere Ecke nach vorne umklappen, so bekommt der Hund Schlappohren. Die Schnittlauchhalme halbieren und als Schnurrbarthaare unter die Nasenspitze anlegen.

Für 1 Hot Dog

1 Bockwürstchen
1 Hot-Dog-Brötchen
2 El Ketchup
1 Schalotte
1 Eiertomate
Salz
Pfeffer
1 Stück gelbe Paprikaschote
2 schwarze Oliven ohne Stein
1 Scheibe Schmelzkäse
3 Schnittlauchhalme

Zubereitungszeit: ca. 15 Minuten

Käse-Käfer

Für 8 Käfer

3 El Mayonnaise
1/2 Tl Senf
Salz, Pfeffer
8 runde Pumpernickel-Taler
8 kleine, runde Käse
8 Schnittlauchhalme
16 kleine Kapern
1 El Ketchup

Außerdem
Mayonnaise zum Befestigen der Kapern

Zubereitungszeit ca. 20 Minuten

Die Mayonnaise mit dem Senf verrühren und mit Salz und Pfeffer pikant abschmecken. Auf die Pumpernickel-Taler streichen und die Käse auf den Pumpernickel-Talern verteilen. Falls die Pumpernickel-Taler zu groß sein sollten, auf Größe der Käse zuschneiden.

Die Käsehälften mittig ein- aber nicht durchschneiden. Die Hälften leicht auseinanderbiegen. Schnittlauchhalme waschen, trocken schütteln und halbieren. Jeweils 2 Halme als Fühler zwischen den zusammenhängenden Käseabschnitt und den Pumpernickel in den Mayonnaisen-Senf klemmen. Darüber auf den Käse mit etwas Mayonnaise 2 Punkte tupfen und darauf je 1 Kaper als Auge drücken. Die Flügel der Käfer mit Ketchup betupfen. Am besten geht das mit einem Holzspieß oder Zahnstocher.

Pinguine

Die Möhre waschen, schälen und putzen. 25 Scheiben von ca. 3 mm Dicke abschneiden. In jede Scheibe eine v-förmige Kerbe schnitzen. Sowohl die Scheiben als auch die herausgeschnittenen Ecken aufbewahren, sie bilden später Schnäbel und Füße.

Die Trauben waschen und trocknen. In die kleineren Trauben mittig einen kleinen Schnitt setzen und die breite Seite der Möhrenecke hineindrücken. Aus den größeren Trauben längs einen Keil wie abgebildet herausschneiden. Die Trauben sorgfältig mit Frischkäse füllen.

In jede Möhrenscheibe einen Zahnstocher stecken. Darauf je eine große Weintraube setzen und anschließend die kleinen mit Schnabel aufstecken. Wer möchte kann mit dem restlichen Frischkäse noch zwei Augen auf das Pinguingesicht malen.

Für 25 Pinguine

1 dicke Möhre
50 blaue Weintrauben
(25 große und 25 kleinere Trauben)
ca. 250 g Frischkäse

Zubereitungszeit ca. 30 Minuten

Blumenkohl-Schäfchen

Für 4 Schäfchen

4 kleine, festkochende Kartoffeln
Salz
1 Blumenkohl
1 Möhre

Für die Sauce

1–2 Bund Schnittlauch
20 g Butter
20 g Mehl
250 ml Milch
Salz
Pfeffer
Muskatnuss

Außerdem

2 schwarze Oliven ohne Stein
2 Handvoll Feldsalat

Zubereitungszeit: ca. 40 Minuten (plus ca. 20 Minuten Kochzeit)

Die Kartoffeln waschen, schälen und in Salzwasser ca. 20 Minuten gar kochen. Dann abgießen. Den Blumenkohl putzen, waschen und in einem ausreichend großen Topf in leicht gesalzenem Wasser gar kochen. Die Möhre schälen und in 8 dünne Scheiben schneiden. Die letzten 3 Minuten zum Blumenkohl geben. Alles abgießen. Den Backofen auf 100 °C vorheizen, ein Backblech mit Backpapier auslegen.

Währenddessen die Sauce zubereiten. Dafür den Schnittlauch waschen, trocken tupfen und in Ringe schneiden. Die Butter in einer Pfanne zerlassen. Das Mehl darüberstäuben und kurz aufschäumen lassen. Dann langsam die Milch dazugießen, dabei ständig mit einem Schneebesen rühren, damit keine Klümpchen entstehen. Die Sauce aufkochen und ca. 15 Minuten köcheln lassen. Mit Salz, Pfeffer und Muskatnuss würzen und den Schnittlauch unterrühren.

Aus dem Blumenkohl vorsichtig den Strunk herausschneiden. Dann den Blumenkohl vierteln und wie auf dem Bild über den Kartoffeln drapieren, sodass etwas von der Kartoffel als Kopf frei bleibt. Mit einem spitzen Messer auf beiden Seiten in den Blumenkohl kurz hinter dem Kopf einstechen und die Möhrenscheiben als Ohren hineinstecken. Die schwarzen Oliven grob hacken. Den Feldsalat putzen, waschen und trocken schleudern.

Mit einem spitzen Messer 2 kleine Löcher in den Kartoffelkopf schnitzen und die Olivenstücke als Augen hineinstecken. Die Sauce auf Teller verteilen und die Schäfchen darauf anrichten. Dazwischen mit Feldsalat ein paar Büsche formen und sofort servieren.

Lustiger Hornochse

Für 1 Burger

2 Tl Öl • 1 Fischfrikadelle (FP) • 1 Sesambrötchen • 1 El Remoulade • 1 Tl Ketchup • 2 Kirschtomaten • 1 Zitronenscheibe • 1 schwarze Olive ohne Stein • etwas Mayonnaise • 1 Gurkenscheibe • 4 Salzstangen • 1 Zweig glatte Petersilie

Zubereitungszeit: ca. 15 Minuten

Das Öl erhitzen und darin die Fischfrikadelle von beiden Seiten goldgelb braten. Währenddessen das Sesambrötchen aufschneiden. Die Unterseite mit Remoulade bestreichen und auf einen Teller legen. Aus der Oberseite 3 gleich dicke Stücke schneiden.

Die Fischfrikadelle auf die Brötchenunterseite auflegen. Die äußeren beiden Brötchenstücke der Oberseite wie abgebildet als Maul auf die Frikadelle legen. Vorher die Schnittseiten mit Ketchup bestreichen.

Die Kirschtomaten waschen, trocknen und die Stielansätze entfernen. Etwas begradigen und die Tomaten als Augen über das Maul legen. Das letzte Brötchenstück wie abgebildet als Hörner oberhalb der Augen anlegen.

Die Zitronenscheibe halbieren und als Ohren mit der Rundung nach unten neben die Augen anlegen. Aus dem Olivenmittelstück 3 Scheiben herausschneiden. 2 davon als Pupillen mit Mayonnaise auf die Tomaten kleben. Aus der Gurkenscheibe ein länglich-ovales Stück herausschneiden. Als Zunge zwischen die unteren Brötchenstücke klemmen.

Die Salzstangen als Beine unter das Brötchen legen. Aus der letzten Olivenscheibe 4 gleich große Stücke schneiden und als Hufe unter die Beine anlegen. Zum Schluss aus Petersilie 1 Stück als Haarbüschel auf das obere Brötchen legen sowie 1 Stück mit längerem Stiel als Schwanz. Lustig ist auch 1 Stück Petersilienblatt an der Gurkenzunge.

Schmetterlingskuchen für Prinzessinnen

Für 12 Stücke

Für den Teig
125 g Marzipanrohmasse
175 g weiche Butter
120 g Zucker
4 Eier
Salz
2 P. Vanillezucker
225 g Mehl
2 Tl Backpulver
4 El Milch
Butter für die Form

Zum Verzieren
200 g Puderzucker
gelbe Lebensmittelpaste
pinkfarbene Lebensmittelpaste
1 Lakritzschnecke
silberne Zuckerperlen
Smarties
essbarer Glitter zum Verzieren

Zubereitungszeit: ca. 40 Minuten (plus ca. 45 Minuten zum Backen und ca. 1 Stunde zum Auskühlen)

Den Backofen auf 180 °C vorheizen. Eine Springform mit Butter einfetten. Die Marzipanrohmasse hacken. Mit der weichen Butter und dem Zucker schaumig rühren. Die Eier trennen. Eiweiß mit 1 Prise Salz steif schlagen. Den Vanillezucker einrieseln lassen und weiterschlagen, bis die Masse erneut sehr steif ist.

Das Mehl mit Backpulver mischen und über die Buttermasse sieben. Mit der Milch unterrühren. Zum Schluss den Eischnee unterheben. In die Form füllen, glatt streichen und auf der mittleren Schiene ca. 45 Minuten backen. Herausnehmen und auf einem Kuchengitter vollständig erkalten lassen.

Den Kuchen auf eine Arbeitsplatte legen. Aus dem Mittelstück einen ca. 3 cm breiten Streifen herausschneiden. Mittig auf eine Kuchenplatte legen. Als Flügel die beiden Seitenteile mit der Wölbung nach innen anlegen. Vorher die gerade Seiten noch etwas einkerben, sodass sie noch mehr nach Schmetterlingsflügeln aussehen.

Zum Verzieren den gesiebten Puderzucker mit wenig Wasser glatt rühren. Ca. 2 Esslöffel der Paste mit gelber Lebensmittelfarbe färben und den Körper des Schmetterlings damit bepinseln. In den noch weichen Zuckerguss am Kopfteil 2 blaue Smarties als Augen kleben. Die Lakritzschnecke entrollen und 2 Fühler von ca. 10 cm Länge abtrennen. Unter den Kopf anlegen. Den Kopf mit einer Reihe silberner Zuckerperlen kennzeichnen. Den Körper mit wenig essbarem Glitter bestäuben.

Die restliche Puderzuckerpaste in Pink einfärben und die Flügel damit bepinseln. Mit Smarties, Liebesperlen und Glitter nach Belieben verzieren.

Pizza-Kobra

Die Hefe in 100 ml lauwarmes Wasser bröckeln. 1 Prise Zucker und 1 El Mehl dazurühren, alles abdecken und diesen Vorteig 15 Minuten ruhen lassen.

Den Vorteig zum restlichen Mehl geben und alles vermengen, dann das Öl und das Salz dazugeben und den Teig kräftig durchkneten. Mit einem feuchten Tuch abdecken und an einem warmen Ort so lange ruhen lassen, bis sich das Volumen verdoppelt hat. Das dauert ca. 1 Stunde.

Währenddessen den Belag fertigstellen. Dafür Zwiebel und Knoblauchzehe schälen und hacken. Im Öl andünsten. Die gehackten Tomaten zugeben und alles offen ca. 15 Minuten köcheln lassen, dann vom Herd nehmen.

Oregano waschen, trocken schütteln und die Blättchen hacken. Den Schinken würfeln. Die Paprikaschote putzen, waschen, trocknen und ebenfalls würfeln. Alles unter die Tomatensauce rühren, mit Salz und Pfeffer abschmecken. Den Mozzarella in Scheiben schneiden, den Parmesan reiben.

Den Backofen auf 200 °C vorheizen. Ein Backblech mit Backpapier auslegen. Den Teig auf einer bemehlten Arbeitsplatte kräftig durchkneten, denn eine Handvoll Teig für den Kopf abnehmen, den Rest zu einer langen Rolle formen. Diese mit der Küchenrolle ausrollen. Falls der Platz nicht ausreicht, die Rolle halbieren.

Den Teig schlangenförmig auf das Backblech legen. Den Kopfteil birnenförmig rollen und vorne an den Körper setzen. Mit den Fingern den Körper seitlich dehnen und auf jeder Seite einen kleinen Wulst formen. Das Ei mit etwas Milch verquirlen. Kopf und Seitenteile damit bepinseln.

Tomatensugo auf dem Schlangenkörper verteilen, alles mit Mozzarella belegen und mit Parmesan bestreuen. Ca. 25 Minuten backen. Mit 2 Zahnstochern die Oliven als Augen feststecken und an der Schnauze einen kleinen Schnitt machen. Das Paprikastück an einer schmalen Seite dreieckig einkerben und als Zunge hineinstecken.

Für 1 Pizzaschlange

Für den Teig
15 g frische Hefe
Zucker
250 g Weizenmehl (Type 550)
1 El Olivenöl
1 Tl Salz

Für den Belag
1 Zwiebel
1 Knoblauchzehe
1 Tl Öl
250 g gehackte Tomaten (Dose)
1/2 Bund Oregano
150 g Kochschinken
1 gelbe Paprikaschote
Salz, Pfeffer
250 g Mozzarella
30 g Parmesan

Außerdem
Mehl für die Arbeitsfläche
1 Ei und Milch zum Bestreichen
2 Oliven für die Augen
1 Stück rote Paprika für die Zunge

Zubereitungszeit ca. 35 Minuten (plus ca. 60 Minuten Zeit zum Gehen und ca. 25 Minuten Backzeit)

Paprika-Elefant

Die grüne Paprika mit einem spitzen Messer wie abgebildet einschneiden und einen Rüssel herausformen. Dann rechts und links davon ca. 3 cm waagerecht einschneiden und auch diese Stücke herauslösen. Anschließend untenherum den Körper abschneiden, wie im letzten Step zu sehen ist. Dabei sollte möglichst sorgfältig und genau gearbeitet werden. Dann die Kerne und Trennhäute entfernen, die Paprika waschen und trocknen.

Nun mit einem spitzen Messer seitlich direkt hinter dem Kopf zwei Schlitze schneiden. Die Gurke waschen, trocknen und 2 Scheiben abschneiden. Diese als Ohren in die Seitenschlitze stecken. Nun vorn mit einem spitzen Messer 2 kleine Löcher für die Augen formen. Von innen die beiden schwarzen Oliven hineinstecken.

Für die Savannenlandschaft die Mandeln ohne Fett rösten, bis sie duften, dann abkühlen lassen. Die Schalotten und die Knoblauchzehe schälen. Mit 50 g Oliven, dem Frischkäse, dem Joghurt und dem Olivenöl pürieren. Den Zitronensaft und die Mandeln unterrühren. Alles mit Salz und Pfeffer abschmecken. Auf einem Teller verteilen. Den Elefanten hineinsetzen.

Die rote Paprika putzen, waschen, trocknen und in Streifen schneiden. Zu Büschen in die Creme stecken. Ein paar Salzstangen ebenfalls hineinstecken. Auf die Salzstangen jeweils 1 grüne Olive setzen. Die restlichen Oliven als Steine in der Creme verteilen.

Für 1 Elefant

1 grüne Paprikaschote
1 Stück Salatgurke
2 schwarze Oliven
80 g gemahlene Mandeln
2 Schalotten
1 Knoblauchzehe
200 g grüne Oliven ohne Stein
150 g Frischkäse
50 g Joghurt
2 El Olivenöl
1 Spritzer Zitronensaft
Salz
Pfeffer
1 rote Paprikaschote
einige Salzstangen

Zubereitungszeit: ca. 30 Minuten
(plus ca. 15 Minuten zum Abkühlen)

Gurkenkrokodil

Für 1 Krokodil

1 dicke Salatgurke
ca. 250 g blaue Weintrauben
ca. 250 g Gouda
1 Scheibe Salami
1 Mini-Mozzarella-Kugel
2 kleine Kapern

Zubereitungszeit ca. 30 Minuten

Die Gurke waschen, trocknen und auf einer Längsseite begradigen, damit die Gurke stabil liegt. Das abgeschnittene Stück in 4 gleich große Teile schneiden und diese zu Dreiecken schnitzen. An 1 Seite zickzackförmig einkerben und später als Krokodilfüße an die Gurke legen.

Den spitz zulaufenden Teil der Gurke waagerecht ca. 10 cm tief einschneiden. Dann mit einem scharfen Messer an der Schnittkante oben und unten Zacken hineinschnitzen. Die Gurke auf eine Platte setzen.

Die Weintrauben waschen und trocknen. Den Gouda in ca. 5 mm dicke Scheiben schneiden und daraus Dreiecke schnitzen. Die Salamischeibe rollen und als Zunge in das Maul des Krokodils stecken. Falls das Maul nicht weit genug dadurch offen steht, hinten eine Traube hineinklemmen. Die Mozzarellakugel halbieren und je 1 Kaper als Pupille darauflegen. Mit Zahnstochern hinter der Schnauze als Augen feststecken.

Auf dem Krokodilkörper nun jeweils mit einem Zahnstocher 1 Käseecke auf eine Weintraube setzen und diese in 3 Reihen längs auf dem Krokodil verteilen.

Süße Erdbeerschlange

Den Backofen auf 200 °C vorheizen. Ein Backblech mit Backpapier auslegen. Das Mehl mit dem Backpulver mischen und in eine Schüssel sieben. Den Zucker und das Salz dazugeben. Die Butter in Flöckchen daruntermischen. Die Eier mit der Sahne verquirlen und dazugießen. Nun alles zügig mit den Händen verkneten, gerade so lange, bis ein glatter Teig entstanden ist.

Den Teig zu einer Rolle formen (ca. 3 cm Ø) und in Windungen auf das vorbereitete Backblech legen. Leicht platt drücken. Dann für ca. 15 Minuten auf der mittleren Schiene goldgelb backen. Herausnehmen und abkühlen lassen.

Die Erdbeeren waschen, trocknen, putzen (1 größeres Stück vom Erdbeergrün für die Zunge beiseitelegen) und die Früchte in Scheiben schneiden. Mit Zucker mischen und abgedeckt ca. 30 Minuten ziehen lassen.

Die Schlange längs halbieren und auf eine passende Platte setzen. Die Sahne mit Sahnesteif und Vanillezucker steif schlagen. Die untere Hälfte mit Erdbeerscheiben belegen. Darauf etwas Schlagsahne streichen. Dann die obere Teighälfte auflegen und umgekehrt verfahren: Erst etwas Sahne aufstreichen und dann die Erdbeeren wie Schuppen darauflegen.

Als Augen 2 Mini-Sahnetupfen aufsetzen und 2 Schokoperlen daraufkleben. Aus dem beiseitegelegten Grün einen Streifen ausschneiden und als Zunge in den Schlitz stecken.

Für 1 Schlange

Für den Teig
500 g Mehl
3 Tl Backpulver
100 g Zucker
1/2 Tl Salz
150 g Butter
2 Eier
200 ml Sahne

Für Füllung und Belag
700 g Erdbeeren
125 g Zucker
400 ml Sahne
2 P. Sahnesteif
2 P. Vanillezucker

Außerdem
2 Schokoperlen

Zubereitungszeit: ca. 30 Minuten (plus ca. 15 Minuten zum Backen und ca. 30 Minuten zum Ziehen)

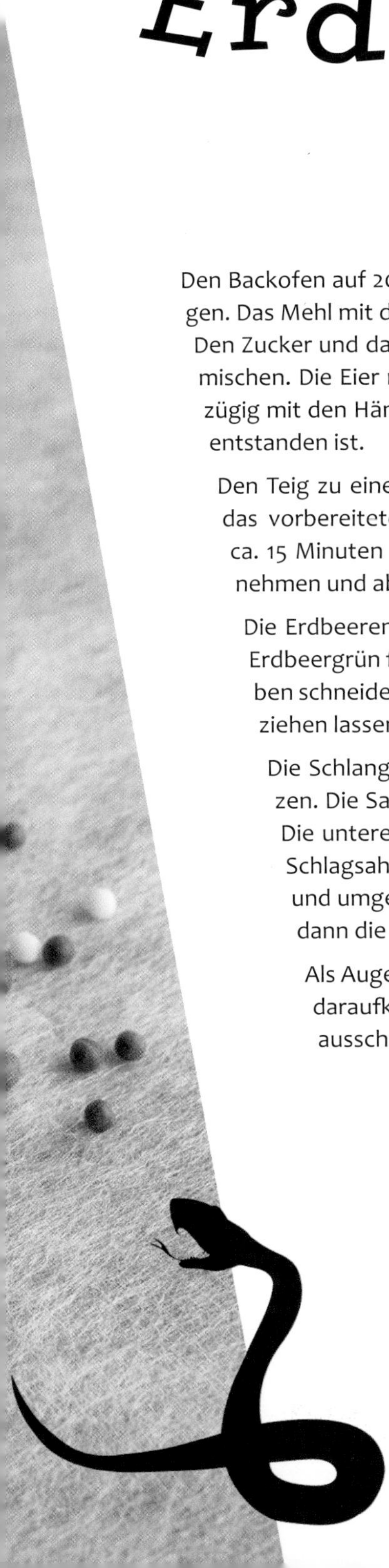

Tierische Brotzeit

Für 2 Fische

2 Scheiben Bauernbrot
4 El Kräuter-Frischkäse
1 Möhre
1/2 Stange Staudensellerie
1 kleines Radieschen
2 Rosenkohlköpfe
1/2 gelbe Paprikaschote
Mayonnaise aus der Tube
1 Kaper

Zubereitungszeit ca. 20 Minuten

Die Brotscheiben entrinden. Aus einer Scheibe 1 Oval und 1 Dreieck ausschneiden, aus der anderen Scheibe 1 Kreis und 1 Dreieck. Alles dick mit Frischkäse bestreichen und auf einem Teller aneinanderlegen, sodass zwei Fischformen entsteht.

Die Möhre waschen, putzen und schälen. Den Staudensellerie waschen und putzen. Beides in dünne Scheiben schneiden. Von dem Radieschen 1 etwas dickere Scheibe abschneiden, den Rest anderweitig verwenden.

Den Rosenkohl putzen, waschen und vorsichtig die äußeren Blätter abtrennen. Die Paprikaschote putzen, waschen und in Stücke schneiden.

Den einen Fisch mit Möhrenscheiben, Rosenkohlblättern und Staudensellerie belegen. Den anderen Fisch mit Paprikastückchen, Möhren- und Selleriescheiben.

An den Köpfen mit der Mayonnaise einen Punkt tupfen, darauf eine kleine Radieschenscheibe bzw. die Kaper kleben. Mit Mayonnaise oder verbleibenden Gemüse außerdem einen lächelnden Mund malen oder kleben.

Für 1 Fledermaus

1 Sesambrötchen
2 El feine Streichwurst (z. B. Leberwurst oder Teewurst)
2 El Frischkäse mit Kräutern
etwas Mayonnaise
1 Gurkenscheibe
4 schwarze Oliven ohne Stein
1 Kirschtomate
2 aufgetaute TK-Erbsen
etwas schwarzer Kaviar

Zubereitungszeit:
ca. 10 Minuten

Das Brötchen längs halbieren. Dann die obere Hälfte einmal quer durchschneiden. Die untere Hälfte mit Streichwurst, die beiden oberen Hälften mit Kräuterfrischkäse bestreichen. Dann die beiden Hälften wie abgebildet auf die untere Brötchenhälfte legen.

Dort, wo sich die Brötchenhälften in der Mitte berühren, etwas Mayonnaise auftupfen. Darauf die Gurkenscheibe kleben. Oben daran jeweils 2 Oliven als Ohren in die Streichwurst kleben. Unter die Gurkenscheibe 1 weitere Olive und die gewaschene und trocken getupfte Kirschtomate mit etwas Mayonnaise aufkleben.

Die verbliebene Olive in Scheiben schneiden. 2 schöne Scheiben auf der Unterseite mit etwas Mayonnaise betupfen und als Augen auf die Gurkenscheibe kleben. In die Löcher die Erbsen setzen und auf die Erbsen etwas schwarzen Kaviar als Pupille kleben. Ersatzweise kann man aus den Olivenresten der letzten Olive auch Pupillen schneiden.

Fledermaus-Brötchen

Vollkorn-Eule

Für 1 Eule

2 rechteckige Scheiben Vollkornbrot
2 Tl Butter
1 Scheibe gekochter Schinken
1 Scheibe Butterkäse
ca. 2 cm Salatgurke
Salz
Ketchup
2 Essiggurken
1 schwarze Olive
1 Radieschen

Zubereitungszeit: ca. 10 Minuten

Das Vollkornbrot dünn mit Butter bestreichen. Auf 1 Scheibe Schinken, auf die andere den Käse legen. Den Belag so umklappen, dass nichts übersteht. Die Salatgurke auf der Gemüsereibe in dünne Scheiben raspeln. 2 Scheiben beiseitelegen, die restlichen auf dem Käsebrot verteilen. Leicht salzen. Das Schinkenbrot mit dem Schinken nach unten auf das Käsebrot legen.

Von dem Brot 2 Ecken als Flügel wie auf dem Foto abschneiden. Diese dünn mit Ketchup bestreichen. Die Essiggurken auf der Gemüsereibe in dünne Scheiben hobeln und dachziegelartig auf die Flügel kleben.

Als Augen die 2 beiseitegelegten Gurkenscheiben mit etwas Ketchup auf den Eulenkopf kleben. Für die Pupillen aus der schwarzen Olive 2 kleine Stücke abschneiden und mit etwas Ketchup auf die Gurkenscheibe kleben. Zum Schluss das Radieschen waschen und trocknen. Zuerst in der Mitte eine Scheibe herausschneiden, dann daraus ein Dreieck schnitzen. Dieses als Schnabel mittig unter die Augen kleben.

Walross

Von 1 Brotscheibe die beiden schmal zulaufenden Seitenteile ca. 3 cm dick abschneiden. Sie bilden später die Schnauze. Diese Stücke mit Butter bestreichen. Die nicht durchgeschnittene Scheibe mit Kräuterfrischkäse bestreichen. Die beiden Seitenstücke mit der Butter nach unten auf den Käse legen. Dann mit einem scharfen Messer exakt die Kontur nachfahren. Die ganze Scheibe auf Graved Lachs legen. Ebenfalls mit einem scharfen Messer exakt ausschneiden. Etwas Lachs für Schwanz und Flossen beiseite stellen.

Das Salatblatt waschen und trocken tupfen. Auf einen Teller legen. Die mit Lachs belegte Scheibe darauflegen, sodass der Salat hübsch übersteht. Nun die Brotstücke mit Käse gegeneinander darauflegen, wie auf dem Foto abgebildet. 1 Stück Lachs als Schwanz anlegen, mit einem anderen kleinen Stück die Flosse formen.

Die Mozzarella-Kugeln unten etwas begradigen, dann als Augen über die Schnauze setzen. Aus der Olive 2 kleine Kreise ausschneiden und als Pupillen auf den Mozzarella legen. Die Kirschtomate waschen und putzen, ebenfalls etwas begradigen und als Schnauze auf den Bart stellen. Den Schnittlauch in ca. 5 cm lange Stücke schneiden und unter die Kirschtomate legen.

Für 1 Walross

- 2 Scheiben ovales Mischbrot
- 1 Tl Butter
- 1/2 Scheibe Butterkäse
- 1 El Frischkäse
- ca. 50 g Graved Lachs
- 1 Salatblatt
- 2 Minikugeln Mozzarella
- 1 schwarze Olive
- 1 Kirschtomate
- 2 Schnittlauchhalme

Zubereitungszeit:
ca. 10 Minuten

MARZIPAN-KRABBEN

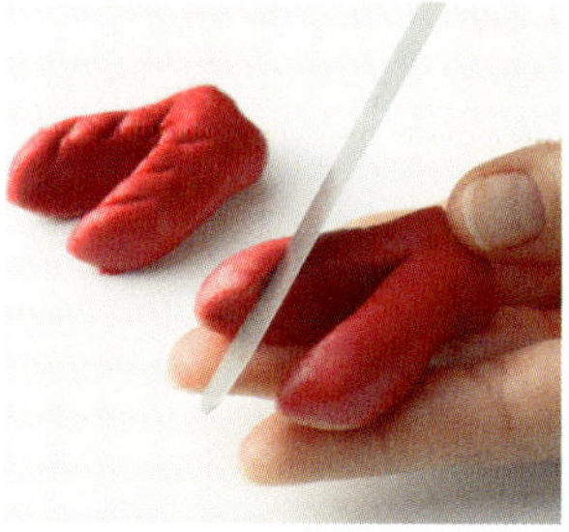

Für 12 Marzipan-Krabben

Für die Muffins
100 g Zartbitterschokolade
150 g weiche Butter
100 g Zucker
1 P. Vanillezucker
Salz
2 Eier
200 g Mehl
1 Tl Backpulver
25 g Kakaopulver
8 El Milch

Für die Krabben-Deko
500 g Marzipan
dunkelrote und braune Lebensmittelfarbe
50 g Puderzucker

Außerdem
Puderzucker zum Verkneten

Zubereitungszeit ca. 45 Minuten (plus ca. 1 Stunde Zeit zum Auskühlen)

Den Backofen auf 180 °C vorheizen. Die Zartbitterschokolade raspeln und bis zur weiteren Verwendung beiseitelegen. Die Butter mit den Quirlstäben des Handrührers schaumig rühren, dann Zucker, Vanillezucker und 1 Prise Salz hinzugeben und ca. 5 Minuten weiterquirlen.

Erst 1 Ei darunterquirlen und wenn sich dieses vollständig mit der Masse verbunden hat, das andere Ei darunterquirlen. Das Mehl mit Backpulver und Kakaopulver mischen und abwechselnd mit der Milch unter die Eimasse quirlen. Zum Schluss die Schokoraspeln unterheben.

Die Mulden eines Muffinblechs mit einfarbigen Papierförmchen auskleiden. Den Schokoteig darauf verteilen. Die Muffins auf der mittleren Schiene ca. 25 Minuten backen. Dann herausnehmen, die Muffins aus der Form nehmen und auf einem Kuchengitter vollständig auskühlen lassen. Falls die Muffins zu sehr aufgegangen sind, mit einem scharfen Messer oben leicht begradigen.

Zum Verzieren von dem Marzipan ca. 20 g für die Augen beiseitelegen. Den Rest mit einigen Tropfen dunkelroter Lebensmittelfarbe verkneten. Prüfen, ob die Farbe intensiv genug ist, ansonsten noch etwas mehr Farbe darunterkneten. Ist das Marzipan dadurch zu klebrig geworden, etwas Puderzucker darunterkneten.

Nun aus der Hälfte des Marzipans Scheren formen. Hierfür ca. 3 cm lange und 1,5 cm dicke Rollen formen. Diese einschneiden und mit einem Messerrücken Zacken hineindrücken. Das restliche Marzipan flach ausrollen und 12 Kreise mit ca. 10 cm Durchmesser ausstechen.

Jeweils 1 Schere links und rechts an die Muffins drücken. Nun den Panzer darüberlegen, sodass der Scherenansatz verdeckt ist. Den Puderzucker gerade mit so viel Wasser anrühren, dass er dick-cremig ist. Das restliche Marzipan mit brauner Lebensmittelfarbe verkneten, 24 kleine Kügelchen rollen und mithilfe des Puderzuckergusses jeweils zwei Augen auf die Muffins kleben. Mit dem restlichen Puderzuckerguss die Pupillen aufmalen.

Zuckersüßer Fiffi

Den Backofen auf 200 °C vorheizen. Die Mulden des Standard-Muffinblechs mit Papierförmchen auslegen. 12 Mulden des Miniatur-Muffinblechs mit Papierförmchen auslegen. Die Butter mit dem Zucker und dem Salz schaumig schlagen. Nach und nach die Eier darunterquirlen.

Mehl mit Backpulver mischen und darübersieben. Zusammen mit der Zitronenschale, dem Zitronensaft und der Milch unterrühren. Die Mulden des Standard-Muffinblechs zu 2/3 mit dem Teig füllen. Den restlichen Teig auf die vorbereiteten 12 Mulden des Miniatur-Muffinblechs verteilen. Beide Bleche auf der mittleren Schiene 20–25 Minuten goldbraun backen. Herausnehmen und auf einem Kuchengitter vollständig abkühlen lassen.

Die weiße Schokolade hacken und die Sahne erhitzen. Schokolade darin schmelzen. Dann vollständig abkühlen lassen und 1 Stunde kühl stellen. Die Mischung mit dem Handrührgerät schaumig aufschlagen. In einen Spritzbeutel mit kleiner Sterntülle füllen.

Die Miniatur-Muffins an einer Längsseite etwas begradigen und mit etwas Creme auf die Standard-Muffins kleben. Dann, wie auf dem Foto, die restliche Creme aufspritzen. Etwas Übung gehört dazu, aber eigentlich ist es leicht. Am besten erst kreisförmig um die gesamte Oberfläche Tupfen setzen. Dann in der Mitte bei der Erhöhung des Miniaturmuffins Ohren spritzen und die Schnauze. In jeden Cupcake mit den Schokonüssen die Augen und die Nasenspitze setzen. Aus rosa Rollfondant die Zunge formen.

Für 12 Fiffis

Für den Teig
200 g weiche Butter
180 g Zucker
1 Prise Salz
5 Eier
400 g Mehl
1 P. Backpulver
abgeriebene Schale und 1,5 El Saft von 1 unbehandelten Zitrone
4 El Milch

Für die Creme
250 g weiße Schokolade
250 ml Sahne

Außerdem
1 Standard-Muffinblech (12 Mulden)
1 Miniatur-Muffinblech (24 Mulden)
36 Schokonüsse
rosa Rollfondant

Zubereitungszeit: ca. 1 Stunde (plus ca. 25 Minuten zum Backen, ca. 1 Stunde zum Abkühlen und ca. 1 Stunde zum Kühlen)

Eulen-Muffins

Die Schokomuffins auf der Oberseite gegebenenfalls etwas begradigen. Schmand mit Mascarpone in eine Rührschüssel geben. Den Vanillezucker und das Kakaopulver darunterrühren, bis sich die Zuckerkristalle aufgelöst haben. Auf jeden Muffin ca. 1 El davon verstreichen, damit später die Kekse gut haften.

Die Schoko-Kekse mit einem scharfen Messer vorsichtig halbieren. Die Hälften, an denen die Füllung haften geblieben ist, nebeneinander als Augen auf die Muffins kleben. Jeweils ein braunes Smartie als Pupille in die weiße Creme drücken. Unten zwischen den Augen jeweils 1 gelbes Smartie als Schnabel hochkant in die Muffin-Oberfläche drücken.

Für die typischen Eulen-„Ohren“ die restlichen Keks-Hälften zerkleinern und jeweils 2 dreieckige Stücke über die Augen kleben. Die Schokolade hacken, im heißen Wasserbad zerlassen und die „Ohren“ mit etwas zerlassener Schokolade bepinseln.

Für 12 Eulen

12 Schokomuffins (FP) • 100 ml Schmand • 100 g Mascarpone • 2 P. Vanillezucker • 40 g Kakaopulver • 24 doppelte Schoko-Kekse mit weißer Füllung (z. B. Oreos) • 24 braune Smarties • 12 gelbe Smarties • 50 g Zartbitterschokolade

Zubereitungszeit: ca. 20 Minuten

Einfach
FUNtastisch

Bananen-Lippenstifte

Für 3 Lippenstifte

120 g weiße Schokolade
60 ml Sahne
rote Lebensmittel-Pastenfarbe
75 g Zartbitterschokolade
1 große Banane (nicht zu reif)
etwas Zitronensaft
Puderzucker zum Bestäuben
goldener Glitter zum Bestäuben

Zubereitungszeit: ca. 25 Minuten
(plus ca. 30 Minuten zum Festwerden)

Die Schokolade hacken. Die Sahne unter Rühren aufkochen, dann vom Herd nehmen. Die Schokolade dazugeben. Kurz stehen lassen, dann glatt rühren. Mit der roten Lebensmittelpastenfarbe in einen schönen, pinkfarbenen Lippenstiftton einfärben. Auf Zimmertemperatur abkühlen lassen, dann in einen Spritzbeutel mit glatter Lochtülle füllen und ca. 30 Minuten kühl stellen.

Die dunkle Kuvertüre im Wasserbad zerlassen. Die Banane schälen, in ca. 3 gleich lange Stücke schneiden. Jedes Stück wie auf den Steps abgebildet vorsichtig aushöhlen. Dann die Bananenstücke sofort mit Zitronensaft benetzen, damit sie sich nicht verfärben. Mit Puderzucker bestäuben und auch innen damit ausstreuen.

Nun die Bananen mit der geschlossenen Seite zur Hälfte in die dunkle Kuvertüre tauchen. Auf ein Kuchengitter stellen, abtropfen und fest werden lassen. Mit goldenem, essbaren Glitter bestäuben.

Zum Schluss die Ganache in die vorgeformten Öffnungen spritzen. Die Ganache oben mindestens 2 cm über den Rand hinausragen lassen. Nun mit einem glatten Messer die Form begradigen, sodass sie nach einem Lippenstift aussieht. Eines steht fest: Diese Lippenstifte sind der Hit an jedem Mädels-Abend!

Spiegeleikuchen

Für 10–12 Spiegeleier

120 g Butter • 6 Eier • Salz • 200 g Zucker • 200 g Mehl • 60 g gemahlene Haselnüsse • 60 g gehackte Haselnüsse • 300 g Puderzucker • 2 El Zitronensaft • 1 große Dose Aprikosen

Zubereitungszeit ca. 30 Minuten (plus ca. 15 Minuten Backzeit und ca. 30 Minuten Zeit zum Auskühlen)

Für den Biskuitteig den Backofen auf 180 °C vorheizen. Ein Backblech mit Backpapier auslegen. Die Butter zerlassen, dann vom Herd nehmen. Die Eier trennen. Das Eiweiß mit 1 Prise Salz steif schlagen, bis zur weiteren Verwendung kühl stellen. Eigelb mit dem Zucker dick-schaumig schlagen.

Das Mehl auf die Eiercreme sieben, aber noch nicht unterrühren. Die gerade noch flüssige Butter dazugießen, ebenfalls noch nicht unterrühren. Die gemahlenen und gehackten Nüsse daraufgeben. Nun den Eischnee dazugeben und alles vorsichtig mit dem Kochlöffel zu einer homogenen Masse unterheben.

Auf das Backblech geben, glatt streichen und auf der mittleren Schiene ca. 15 Minuten backen. Herausnehmen und vollständig auskühlen lassen.

Mit einem scharfen Messer Spiegelei-Formen aus dem Teig ausschneiden und auf ein Tortengitter legen. Den Puderzucker mit Zitronensaft und etwas Wasser dick-cremig rühren und die einzelnen Küchlein damit überziehen. Die Aprikosen in ein Sieb geben und abtropfen lassen. Pro Küchlein 1 halbe Aprikose als Eigelb in den noch feuchten Zuckerguss drücken und alles trocknen lassen.

SÜSSE BLUTWURST

Die Butterkekse mit dem Nudelholz zerkleinern. Die Walnüsse hacken. Beide Zutaten mit den Rosinen in eine Schüssel geben.

Die Butter in einem Topf zerlassen. Die gezuckerte Kondensmilch mit dem Kakaopulver hinzugeben. Alles umrühren, bis eine glatte Masse entstanden ist. Diese zu den Keksen gießen. Das Ei hinzugeben und alles zuerst mit dem Kochlöffel, dann kurz mit den Händen zu einer dicken Paste verkneten. Die Mischung dreiteilen. Jedes Drittel zu einer Wurst rollen, dann fest in Frischhaltefolie wickeln. Für mindestens 2 Stunden ins Tiefkühlfach legen.

Vor dem Servieren herausnehmen, die Folie entfernen, die „Wurst" fast auf Zimmertemperatur bringen und am besten auf einem Brotzeitbrettchen aufschneiden.

Für 3 kleinere Blutwürste

350 g Butterkekse
80 g Walnüsse
30 g Rosinen
200 g Butter
400 ml gezuckerte Kondensmilch
60 g Kakaopulver
1 Ei

Zubereitungszeit: ca. 25 Minuten
(plus ca. 2 Stunden zum Tiefkühlen und ca. 1 Stunde Ruhezeit)

Gurken-Ruderboot

Die Salatgurke waschen, trocknen und längs halbieren. Die gewölbte Seite etwas begradigen, damit die Gurke einen stabilen Stand hat. Die Innenseite mit einem Teelöffel leicht aushöhlen.

Die Kirschtomaten waschen, trocknen und eine kleine Kappe abschneiden. Die Kappen beiseitelegen und die Tomaten hintereinander in der Gurke verteilen. Die abgeschnittene Seite zeigt nach oben.

Die Cornichons längs halbieren. Jeweils ein halbes Gürkchen als Schulter- und Armpartie auf die Tomaten legen. Darauf jeweils 1 Mini-Mozzarella als Kopf stellen. Zum Schluss die Tomaten-Kappen als Hütchen auflegen. Alles mit Holzstäbchen feststecken. Die halbierten Grissini jeweils paarweise als Ruder an eine Tomate anlegen. Das hintere Männchen ist der Steuermann.

Für 1 Ruderboot

1 Salatgurke
8 Kirschtomaten
4 Cornichons
8 Mini-Mozzarella-Kugeln
7 Grissini

Zubereitungszeit: ca. 10 Minuten

Tipp

Bei der Besatzung des Bootes kann nach Herzenslust variiert werden. Hier 2 Vorschläge:

1. Sie können die Besatzung auch mit dunklen und grünen Weintrauben bauen. Die dunklen Trauben sollten dabei größer sein als die grünen. Als Schulter- und Armpartie schmeckt in diesem Fall schnittfester Käse, der in passende Stücke geschnitten wird.
2. Eine weitere Kombination: Radieschen als Körper und Wachteleier als Köpfe. In diesem Fall ist es lustig, die Wurzel-Teile der Radieschen als Kappen zu nehmen und als Zipfelmützen auf die Wachteleier zu stecken.

Schnitzelgesichter mit Pommes-Haar

Tipp: Kinder lieben solche essbaren Gesichter. Natürlich kann auch jede Pizza ähnlich verziert werden. Mit schwarzen Olivenringen lassen sich auf Pizzen zum Beispiel sehr gut wüste Vollbärte und Augenbrauen legen. Kirschtomaten als Nasen passen fast immer, ebenso Mozzarella- oder Salamischeiben als Augen, schwarze Olivenkappen als Pupillen und Maiskörner als Zähne. Doch Ihrer Fantasie sind keinerlei Grenzen gesetzt – erlaubt ist, was gefällt!

Für 4 Gesichter

1,5 kg festkochende Kartoffeln
1 El Salz
1 Tl Paprikapulver
2 El Rapsöl
4 runde Gemüse-, Fisch- oder Fleischschnitzel
1/2 Salatgurke
4 Mini-Mozzarella-Kugeln
4 schwarze Oliven ohne Stein
2 Kirschtomaten
etwas Ketchup
einige Maiskörner aus der Dose
8 Tomatenscheiben

Zubereitungszeit: ca. 15 Minuten (plus ca. 45 Minuten Backzeit)

Den Backofen auf 180 °C vorheizen. Ein Backblech mit Backpapier auslegen. Die Kartoffeln schälen, waschen und in Stifte schneiden. In einer Schüssel mit Salz, Paprikapulver und der Hälfte des Öls mischen. Auf dem Backblech verteilen und ca. 45 Minuten goldgelb backen.

Kurz vor Ende der Garzeit die Schnitzel im restlichen Öl von beiden Seiten goldgelb braten. Für die Deko die Gurke auf der Gemüsereibe in Scheiben hobeln. Mozzarella halbieren. Aus den Mittelstücken der schwarzen Oliven 8 dünne Ringe schneiden. Die Kirschtomaten waschen, trocknen und halbieren.

Die Schnitzel auf Tellern platzieren. Die Mozzarellahälften als Augen darauflegen. Jeweils 1 Olivenscheibe als Pupille darauf platzieren. Mittig unterhalb der Augen 1 halbe Kirschtomate als Nase aufsetzen. Mit Ketchup darunter einen Mund malen und an den Mund einige Maiskörner als Zähne anlegen. Als langer, dünner Hals jeweils Gurkenscheiben dachziegelartig anlegen. Die Tomatenscheiben als Ohren anlegen. Zum Schluss die selbst gemachten Pommes als Haare an den Kopf anlegen.

Pharao im Schlafrock

Den Backofen auf 200 °C vorheizen. Ein Backblech mit Backpapier auslegen und mit Wasser besprenkeln. Die Blätterteigplatten auftauen lassen, auf einer bemehlten Arbeitsplatte leicht ausrollen und längs halbieren. Mit einem scharfen Messer jede Platte in ca. 3 Streifen schneiden.

Die Würstchen mit einer Gabel mehrfach einpieksen, damit sie nicht platzen. Dann mit den Blätterteigstreifen einwickeln. Dabei das obere Ende als „Kopf" frei lassen, unterhalb des Kopfes – als Kopfkissen – aber auf jeden Fall etwas Blätterteig anbringen. Die Pharaonen auf das Backblech legen.

Eigelb mit Milch verquirlen. Den Blätterteig mit dem Eigelb bepinseln und mit einer Prise grobem Meersalz bestreuen. Auf der mittleren Schiene ca. 10 Minuten backen. Leicht abkühlen lassen, dann mit etwas Mayonnaise auf jeden Kopf 2 schwarze Pfefferkörner als Augen kleben.

Für 8 Stück

4 Platten TK-Blätterteig
8 Wiener Würstchen
1 Eigelb
2 El Milch
grobes Meersalz zum Bestreuen

Außerdem

Mehl für die Arbeitsfläche
Mayonnaise und 16 schwarze Pfefferkörner für die Augen

Zubereitungszeit: ca. 10 Minuten (plus ca. 10 Minuten Auftauzeit und ca. 10 Minuten Backzeit)

Für 4 Schiffe

Für den Auflauf
500 g Hörnchen-Nudeln
Salz
200 g Erbsen (TK)
250 g gekochter Schinken
1 große Dose Ananasstücke
200 g Emmentaler zum Bestreuen

Für die Béchamelsauce
50 g Butter
30 g Mehl
750 ml Milch
1 El gekörnte Brühe
Pfeffer
frisch geriebene Muskatnuss

Außerdem
Butter für die Förmchen
8 lange Holzspieße
24 dünne Scheiben gekochter Schinken
8 Holzspieße

Zubereitungszeit ca. 40 Minuten (plus ca. 20 Minuten Gratinierzeit)

Südseeschiff mit Schinkensegel

Die Nudeln nach Packungsanweisung in ausreichend kochendem Salzwasser gar kochen. Ca. 4 Minuten vor Ende der Garzeit die gefrorenen Erbsen dazugeben. Alles in ein Sieb gießen und abtropfen lassen. Den Backofen auf 190 °C vorheizen.

Den Schinken fein würfeln. Die Ananasstücke in ein Sieb gießen und abtropfen lassen. Den Saft dabei auffangen. Anschließend die Ananasstücke in einer Schüssel mit Schinken, Nudeln und Erbsen vermengen.

Für die Sauce die Butter in einem Topf zerlassen, das Mehl dazusieben und unter Rühren anschwitzen. Die Milch mit dem Ananassaft dazugeben, alles glatt rühren und unter Rühren aufkochen lassen. Mit gekörnter Gemüsebrühe, Salz, Pfeffer und etwas frisch geriebener Muskatnuss würzig abschmecken.

4 ofenfeste ovale Auflaufförmchen mit Butter ausfetten. Die Nudel-Schinken-Mischung darauf verteilen und mit Béchamelsauce übergießen. Mit geriebenem Emmentaler bestreuen und auf der mittleren Schiene ca. 20 Minuten gratinieren. Die Schinkenscheiben ziehharmonikaförmig zusammenfalten und je 3 durch einen langen Holzspieß stecken. Die Scheiben wieder leicht auseinanderziehen und als Segel auf die Südseeschiffe stecken.

Schokoladige Ritterburg zum Vernaschen

Den Backofen auf 180 °C vorheizen. Die Fettpfanne des Backofens mit Backpapier auslegen. Die Schokolade hacken und die Butter in Würfel schneiden. Zusammen in einem Topf im Wasserbad zerlassen, dann leicht abkühlen lassen.

Die Eier mit dem Zucker und der Prise Salz schaumig schlagen. Mehl mit Backpulver und Mandeln mischen und darunterrühren. Zum Schluss die gerade noch flüssige Schokoladenbutter darunterrühren. In die Fettpfanne gießen und auf der mittleren Schiene ca. 20 Minuten backen. Herausnehmen und vollständig abkühlen lassen.

Den Schokokuchen in gleichmäßig große Würfel schneiden. Das Eiweiß mit 1 Prise Salz steif schlagen. Den Puderzucker dazusieben und so lange weiterquirlen, bis eine dick-klebrige Paste entstanden ist. Die Kuchenwürfel wie auf dem Foto zu einer Burg aufeinanderkleben und immer mal wieder Lücken für die Fenster lassen, sowie Platz für 1 großes Tor. Einige Würfel für die Zinnen zurücklegen. Die Burg mit Smarties verzieren. Dazu diese mit etwas Puderzuckerpaste festkleben. Alles trocknen lassen.

Zum Schluss aus Fotokarton einige Fahnen ausschneiden, diese bunt verzieren und an den Holzstäbchen befestigen. In die Burg stecken und alles mit Spielfiguren dekorieren.

Für 1 Burg

Für den Teig
300 g Zartbitter-Schokolade
250 g Butter
7 Eier
350 g Zucker
1 Prise Salz
350 g Mehl
2 Tl Backpulver
200 g gemahlene Mandeln

Außerdem
3 Eiweiß
Salz
600 g Puderzucker
Smarties zum Verzieren
Fotokarton, Stifte und Holzstäbchen für die Fahnen

Zubereitungszeit: ca. 1 Stunde 30 Minuten (plus ca. 20 Minuten zum Backen und ca. 30 Minuten zum Auskühlen)

Käsefüße für Mini-Kannibalen

Für 1 Fuß

2 Scheiben Roggenbrot
1 Scheibe Käse
2 Tl Butter
1 große Tomate (in etwa so groß wie
1 Mozzarellakugel)
3 Scheiben Mozzarella
1 hart gekochtes Wachtelei

Zubereitungszeit: ca. 10 Minuten

Aus 1 Brotscheibe einen Fuß ausstechen. Wer keinen Ausstecher hat, der zeichnet erst auf Fotokarton die Umrisse eines Fußes und schneidet diesen dann aus. Dann die Form auf das Brot legen und mit einem scharfen Messer exakt darum herumfahren. Ebenso mit dem Käse verfahren. Die Brotscheibe erst mit 1 Tl Butter bestreichen, dann mit dem Käse belegen. Auf einen Teller legen.

Aus der anderen Brotscheibe 3 Kreise ausstechen, die in etwa den Durchmesser der Tomate haben. Die Tomate waschen, trocknen und 3 Scheiben aus dem Mittelteil schneiden. Die Brotkreise mit der restlichen Butter bestreichen. Dann abwechselnd mit Tomaten- und Mozzarellascheiben stapeln, dabei die einzelnen Lagen leicht salzen. Als Bein auf dem Fuß anlegen.

Zum Schluss das Wachtelei pellen, und an 1 Seite begradigen. Als Knochen oben auf das Bein legen. Nach Belieben das Bein mit einem langen Holzstäbchen stabilisieren. Aus den Tomatenresten 5 kleine Kappen abschneiden und als Fußnägel auf die Zehen legen.

Gefüllte Tomaten-Köpfe

Für 4 Köpfe

4 große Fleischtomaten mit Stielansatz • 500 g Fleischwurst • 100 g Emmentaler • 1 Zwiebel • 3 Gewürzgurken • 2,5 El Obstessig • 4 El Sonnenblumenöl • Salz • Pfeffer • 4 Stiele Petersilie • 2 Scheiben Bauernbrot • Mayonnaise aus der Tube • 8 kleine Kapern

Zubereitungszeit ca. 30 Minuten

Die Tomaten vorsichtig waschen und trocknen, damit der Stielansatz dranbleibt. Die Tomaten oben am Stielende abschneiden und beiseitelegen. Diese Teile ergeben die Hüte. Die Tomaten selbst mit einem Löffel aushöhlen.

Für die Wurstsalatfüllung die Fleischwurst in Stifte schneiden. Den Emmentaler ebenfalls in Stifte schneiden. Die Zwiebel schälen und sehr fein hacken, die Gurken fein würfeln. Fleischwurst, Käse, Zwiebel und Gurken in eine Schüssel geben und alles mit Essig, Öl und 2,5 El Wasser mischen. Mit Salz und Pfeffer abschmecken.

Die Petersilie waschen und trocken schütteln. Kleine Büschel abbrechen und beiseitelegen. Den Wurstsalat in die Tomaten füllen. Aus dem Bauernbrot mit einem Plätzchenausstecher 4 Paar Füße ausstechen. Je 2 nebeneinander auf einen Teller setzen und die Tomate darauf platzieren.

Die Petersilie oben in die Tomate als Haarbüschel hineinstecken. Den Hut mit Stielansatz leicht schräg aufsetzen. Nun für die Augen die Tomate vorne mit Mayonnaisetupfen versehen und Kapern daraufsetzen. Ebenfalls mit Mayonnaise einen Mund zeichnen und die Tomatenmännchen sofort servieren.

Frikadellen-Gesichter

Für 12 Frikadellen in unterschiedlichen Dekorationen

Für den Fleischteig
3 altbackene Brötchen vom Vortag • 1 Bund Petersilie • 4 El Pinienkerne • 4 Zwiebeln • 2 Knoblauchzehen • 5 El Öl • 1 kg gemischtes Hackfleisch • 3 Eier • Salz • Pfeffer • Paprikapulver edelsüß

Außerdem
4 grüne, mit Paprika gefüllte Oliven • Mayonnaise aus der Tube • 4 Babymais aus dem Glas • 4 krause Salatblätter • 8 Scheiben Toastbrot • Ketchup • 2 Kirschtomaten • 4 schwarze Oliven • 1 rote und 1 gelbe Paprikaschote • 8 schwarze oder rote Pfefferkörner

Zubereitungszeit ca. 40 Minuten (plus ca. 12 Minuten Bratzeit)

Die Brötchen in Stücke schneiden und in etwas kaltem Wasser einweichen. Petersilie waschen, trocken schütteln und die Blättchen hacken. Die Pinienkerne in einer Pfanne ohne Fett goldgelb rösten, grob hacken und mit der Petersilie in eine Schüssel füllen.

Zwiebeln und Knoblauchzehen schälen und hacken. In 1 El Öl glasig dünsten, dann zur Petersilie geben. Die ausgedrückten Brötchen dazugeben. Hackfleisch, Eier, Salz, Pfeffer und Paprikapulver ebenfalls dazugeben und alles zu einem Teig verkneten.

12 Frikadellen formen und diese nach und nach im restlichen erhitzten Öl von beiden Seiten knusprig braun braten.

4 Frikadellen zu Gruselmasken verzieren. Dafür die grünen Oliven halbieren. Auf jede Frikadelle mit Mayonnaise 2 Augen malen und die halbierten Oliven als Augen daraufkleben. Mit einem scharfen Messer mittig ein Loch in die Frikadelle pieksen und den Babymais als Nase hineinstecken.

4 Frikadellen zu Clowns verzieren. Dafür die Frikadellen auf krause Salatblätter legen, sodass es so aussieht, als hätten sie einen Harlekinkragen. Aus 4 Toastbrotscheiben jeweils 1 möglichst großes Dreieck schneiden. Mit Mayonnaise bestreichen und in der Längsachse mit 4–5 Ketchuppunkten verzieren. Oben an die Frikadellen als Hut anlegen.

Aus den 4 restlichen Toastbrotscheiben jeweils 2 Dreiecke schneiden. Diese unterhalb der Frikadellen als Fliege anlegen. Die Verbindung durch ein Stück Kirschtomate verdecken. Für die Augen die schwarzen Oliven halbieren und mit Mayonnaise auf die Frikadellen kleben. Mund und Nase mit Mayonnaise und Ketchup malen.

Die letzten 4 Frikadellen werden zu Krabben. Dafür die Paprikaschoten putzen, waschen, trocknen und aus jeder Schote 16 gleich lange, dünne Streifen schneiden. Jeweils 4 Streifen einer Schote rechts und links in die Frikadellen als Beine stecken. Am einfachsten ist dies, wenn man mit einem Schaschlikspieß die Löcher vorformt. Mit Mayonnaise und Pfefferkörnern die Augen malen, mit Ketchup den Mund.

Glubschauge

Die Basilikumblätter waschen und trocken tupfen. Die Tomatenscheibe auf einen Teller legen und leicht salzen und pfeffern. Den Mini-Mozzarella halbieren, gegebenenfalls an den Seiten leicht spitz zuschneiden.

Die Mozzarellastücke als Augen auf die Tomatenscheibe legen. Ebenfalls leicht salzen. Aus der schwarzen Olive 2 kleine Kuppen abschneiden und als Pupillen auf den Mozzarella legen. Die Basilikumblätter als Haare anlegen oder die Tomatenscheibe auf das große Basilikumblatt legen. Mit etwas Olivenöl beträufeln.

Für 1 Auge

3 Blättchen Basilikum
(oder 1 großes Blatt)
1 Scheibe Tomate
Salz
Pfeffer
1 Minikugel Mozzarella
1 schwarze Olive
kaltgepresstes Olivenöl

Zubereitungszeit: ca. 5 Minuten

Für 1 Leuchtturm

1 Dattel- oder Kirschtomate
1 Flaschen-Tomate
1 Fleisch-Tomate
einige Basilikumblättchen
1 Mozzarella-Kugel
1 Mini-Mozzarella-Kugel
Salz
Pfeffer
kalt gepresstes Olivenöl

Zubereitungszeit: ca. 10 Minuten

Leckerer Leuchtturm

Die Tomaten waschen, trocknen und die Stielansätze entfernen. Die Tomaten (bis auf die Kirschtomate) in Scheiben schneiden. Basilikum waschen, trocken tupfen und die Blättchen abzupfen. Den großen Mozzarella in Scheiben schneiden. Den Mini-Mozzarella ganz belassen.

Die Mozzarellascheiben und die Tomatenscheiben der Größe nach sortieren und abwechselnd schichten. Die restlichen Tomatenscheiben anderweitig verwenden.

Die einzelnen Lagen immer leicht salzen, pfeffern und mit Olivenöl beträufeln. Die Basilikumblätter dazwischen verteilen. Ganz obenauf zuerst den Mini-Mozzarella legen, und darauf die Dattel-Tomate stellen. Alles mit einem Schaschlikspieß fixieren.

TyrannoSauruS Rex

Für 4 Portionen

200 g Spiralnudeln • Salz • 1 rote Paprikaschote • 1 Tl Rapsöl • 4 große grüne Paprikaschoten • 1/4 Salatgurke • 2 Dosen Thunfisch im eigenen Saft • 1 kleine Dose Mais (285 g) • 1 Bund Schnittlauch • 100 ml Sahne • 150 g Joghurt • 1/2 Tl Senf • Salz • Pfeffer • 2 grüne Oliven mit Paprika-Füllung • 8 Kapern

Zubereitungszeit: ca. 20 Minuten (plus ca. 10 Minuten zum Kochen)

Die Spiralnudeln in ausreichend kochendem Salzwasser nach Packungsanweisung gar kochen. Abgießen, abschrecken und abtropfen lassen.

Den Backofengrill vorheizen. Die rote Paprikaschote längs vierteln. Putzen, waschen und trocken tupfen. Mit der Hautseite nach oben auf ein mit Backpapier belegtes Backblech legen. Dünn mit dem Rapsöl bepinseln und so lange unter dem Grill belassen, bis die Haut dunkel wird und Blasen wirft. Herausnehmen und in einem Gefrierbeutel ausdampfen und abkühlen lassen. Vorsichtig die Haut abziehen und die Schotenstücke vorne spitz einkerben. Diese „Dinosaurierzungen" bis zur weiteren Verwendung beiseitelegen.

Die grünen Paprikaschoten längs halbieren. Putzen, waschen und trocken tupfen. In die Schnittstellen mit einem spitzen Messer Zähne einkerben. Die herausgelösten Paprikastücke mit den Nudeln in eine Schüssel geben.

Die Salatgurke waschen, trocken tupfen und in kleine Würfel schneiden. Thunfisch und Mais abtropfen lassen. Den Thunfisch zerpflücken und zusammen mit dem Mais und den Gurkenwürfeln zu den Nudeln geben.

Schnittlauch waschen, trocken tupfen und in Röllchen schneiden. Mit Sahne, Joghurt und Senf verrühren. Alles salzen, pfeffern und ebenfalls zu den Nudeln geben. Alles gut vermengen und nochmals abschmecken.

4 untere Paprikahälften eventuell leicht begradigen, damit sie gut stehen können. Jeweils 1 Zunge hineinhängen. Den Nudelsalat so darauf häufen, dass der Zungenansatz nicht mehr sichtbar ist. Leicht festdrücken. In die oberen Paprikahälften dort, wo die Augen platziert werden sollen, mit einem scharfen Messer 2 kleine Löcher hineinschneiden. Die grünen Oliven quer halbieren. Mit der runden Seite nach unten in die Löcher stecken, sodass die Schnittfläche nach oben zeigt. Paprikahälfte auf den Salat setzen. Als Nase jeweils 2 Kapern vorne aufsetzen. Dafür vorher mit einem spitzen Messer 2 kleine Mulden einkerben.

Für 8 Schiffe

5 kleinere Zucchini
1 altbackenes Brötchen vom Vortag
2 Zwiebeln
2 Tl Öl
375 g Rinderhack
1 Ei
Salz
Pfeffer
Paprikapulver edelsüß
200 ml passierte Tomaten
Zucker
1 El Crème fraîche

Außerdem

8 Holzspieße

Zubereitungszeit ca. 30 Minuten
(plus ca. 30 Minuten Schmorzeit)

Zucchini-schiffchen

Die Zucchini waschen und trocknen. 4 Zucchini längs halbieren und mit einem Teelöffel ausschaben. Das Brötchen entrinden, würfeln und in etwas kaltem Wasser einweichen. Die Zwiebeln schälen und hacken.

Die Hälfte der Zwiebeln in 1 Tl Öl andünsten. Sobald die Zwiebel glasig ist, in eine Schüssel füllen. Das Brötchen ausdrücken und dazugeben. Rinderhack, Ei, Salz, Pfeffer und Paprikapulver ebenfalls dazugeben. Alles mit den Händen verkneten und in die Zucchini füllen. Leicht festdrücken.

Die restliche Zwiebel im restlichen Öl in einer großen Pfanne andünsten. Die passierten Tomaten dazugeben. Alles salzen, pfeffern und eine Prise Zucker unterrühren. Die Zucchini hineinsetzen und abgedeckt bei milder Hitze ca. 30 Minuten schmoren. Die restliche Zucchini in dünne Scheiben schneiden und diese wie Segel auf die Holzspieße stecken.

Die fertig gegarten Zucchini herausnehmen und warm stellen. Die Sauce mit Crème fraîche binden und nochmals mit Salz, Pfeffer und Paprikapulver würzig abschmecken. Die Sauce als Spiegel auf Teller verteilen und je 2 mit 2 Segeln verzierte gefüllte Zucchini daraufsetzen.

Scherz-Kekse

Für den Teig alle Zutaten miteinander verkneten. Zu einer Rolle von ca. 4 cm Durchmesser rollen, in Folie wickeln und ca. 30 Minuten kühl stellen.

Den Ofen auf 180 °C Umluft vorheizen. 2 Backbleche mit Backpapier auslegen. Die Rolle in ca. 5 mm dicke Scheiben schneiden. In jede Scheibe 1 Lollistiel stecken. Auf das Backblech legen und ca. 8 Minuten backen. Die Kekse sollten dabei nicht braun werden, sondern gerade eben durchgebacken sein. Herausnehmen und vollständig abkühlen lassen.

Zum Verzieren das Marzipan mit roter Lebensmittelfarbe einfärben und für die Nasen zu kleinen Kugeln rollen. Den Puderzucker in eine Schüssel sieben. Mit dem Zitronensaft zu einer dicken Paste glatt rühren. Alle Kekse von 1 Seite damit bestreichen. Dann mittig die Marzipannasen in den weichen Guss kleben. Anschließend mit Smarties direkt über die Nase die Augen in den Guss kleben.

Kuvertüre im heißen Wasserbad zerlassen. Etwas abkühlen lassen, dann in einen Gefrierbeutel füllen. Eine kleine Ecke abschneiden, dann mit der gerade noch warmen Kuvertüre einen Mund spitzen, 2 Tupfen auf die Augen setzen und ein paar Haarsträhnen malen. Nach Belieben kleine Zuckerperlen auf die Haarsträhnen streuen. Fertig sind die kleinen Clown-Kekse.

Ihrer Kreativität steht bei der Verzierung natürlich nichts im Wege. Probieren Sie ruhig auch andere Gesichter aus, z.B. Piraten. Außerdem kann der Teig natürlich auch mit Blütenausstechern oder Schmetterlingsausstechern in Form gebracht und nach dem Backen dementsprechend verziert werden.

Für ca. 20 Kekse

Für den Teig

300 g Mehl • 100 g Zucker • 1 Prise Salz • 200 g weiche Butter • 1 Eigelb • ein paar Tropfen Vanillearoma

Außerdem

ca. 50 g Marzipan • rote Lebensmittel-Pastenfarbe • ca. 200 g Puderzucker • 1 El Zitronensaft • Smarties für die Augen • 50 g dunkle Kuvertüre • bunte Zuckerstreusel zum Bestreuen • ca. 20 ofenfeste Lollistiele aus dem Fachhandel (ersatzweise lange, gewässerte Holzspieße)

Zubereitungszeit: ca. 45 Minuten (plus ca. 30 Minuten Kühlzeit, ca. 8 Minuten Backzeit und ca. 40 Minuten zum Auskühlen)

Lustiges Mars-Männchen

Die Götterspeise im heißen Wasserbad erwärmen, damit sie dickflüssig wird. 4 Teller bereitstellen. Jeweils eine Hälfte des Tellers mit gelber Götterspeise, die andere Hälfte mit roter Götterspeise bedecken. Mit einer Gabel leicht spiralförmig verrühren. Die Mikado-Stäbchen halbieren. 4 Belegkirschen in schmale Spalten schneiden.

Die großen Eiskugeln mittig auf die Teller setzen. Die kleinen Kugeln darauf setzen und leicht andrücken. Auf die langen Mikadostäbchen je eine Belegkirsche stecken und diese als Stielaugen oben in die kleine Kugel stecken. Mit den Belegkirschenscheiben Münder formen.

Nun den Puderzucker mit ein paar Tropfen Wasser zu einer weißen, dicken Creme rühren und damit die Pupillen auf die Stielaugen malen. Sofort servieren.

Für 4 Männchen

2 Becher gelbe Götterspeise (à ca. 125 g) • 2 Becher rote Götterspeise (à ca. 125 g) • 4 Mikado-Stäbchen • 12 Belegkirschen • 4 große Kugeln Pistazieneis • 4 kleine Kugeln Pistazieneis • 30 g Puderzucker

Zubereitungszeit ca. 20 Minuten

Monster-Muffins

Für die Muffins den Backofen auf 180 °C vorheizen. Die Mulden eines Muffinblechs mit Papierbackförmchen auslegen. Die weiche Butter mit Zucker und Vanillezucker schaumig rühren. Die Eier nach und nach darunterrühren.

Das Mehl mit dem Backpulver mischen und dazusieben. Nun die Milch dazugießen und alles zu einem glatten Teig verrühren. 24 Schokotropfen beiseitelegen, die restlichen Schokotropfen unter den Teig rühren.

Den Teig auf die Muffinförmchen verteilen und auf der mittleren Schiene 20–25 Minuten backen. Herausnehmen, kurz in der Form ruhen lassen, dann die Muffins auf einem Kuchengitter vollständig abkühlen lassen.

Für die Augen die Marzipanmasse mit 75 g Puderzucker verkneten und zu 24 kleinen, runden Kugeln rollen. Die beiseitegelegten Schokotropfen als Pupillen in die Marzipanaugen drücken.

Die Kokosraspel in eine Schüssel geben und mit etwas blauer Lebensmittelfarbe einfärben. Dafür am besten Küchenhandschuhe überziehen. Anschließend die Kokosraspel auf ein mit Backpapier ausgelegtes Backblech verteilen und trocknen lassen. Danach wieder in eine Schüssel füllen.

Aus dem restlichen Puderzucker, blauer Lebensmittelfarbe und wenig Wasser einen dickflüssigen Guss anrühren. Die Muffinoberfläche damit einpinseln (etwas Guss für die Augen zurückbehalten) und die Muffins kopfüber in die blauen Kokosraspel tauchen. Vorsichtig in jeden Muffin mit einem scharfen Messer einen Schlitz schneiden und je 1/2 Schokocookie als Mund hineinstecken. Mit etwas Zuckerguss die Augen auf die Muffins kleben und alles trocknen lassen.

Tipp: Die Augen und die gefärbten Kokosraspeln werden am besten am Vortag fertiggestellt. So haben sie Zeit zum Trocknen.

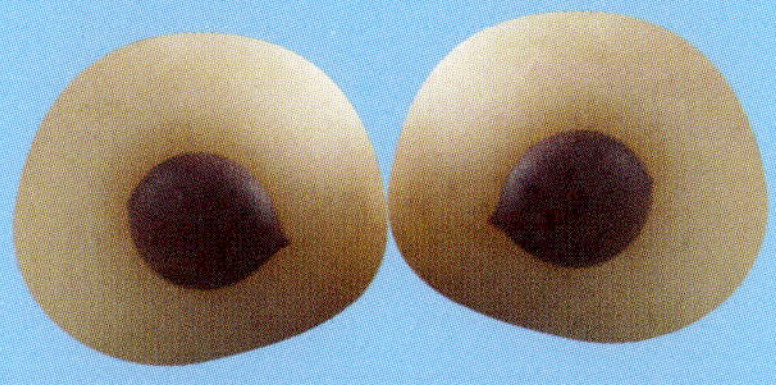

Für 12 Stück

125 g weiche Butter
200 g Zucker
1 P. Vanillezucker
3 Eier
300 g Mehl
1 P. Backpulver
125 ml Milch
100 g Schokotropfen
125 g Marzipanrohmasse
200 g Puderzucker
100 g Kokosraspeln
blaue Lebensmittelfarbe
6 Schoko-Cookies

Zubereitungszeit ca. 45 Minuten (plus ca. 20 Minuten Backzeit, ca. 30 Minuten Zeit zum Auskühlen und ca. 3 Stunden Zeit zum Trocknen)

Anlässe und Feste

Würstchen für Verliebte

Die Würstchen längs einschneiden, jedoch nicht durchschneiden, sondern ca. 2 cm intakt lassen. Dann die aufgeschnittenen Enden rechts und links nach außen umbiegen und unten wieder zusammenfassen, sodass eine Herzform entsteht. Mit Zahnstochern fixieren.

Das Öl in einer Pfanne erhitzen. Die Wurst-Herzen vorsichtig hineinlegen und anbraten. Dann die Eier aufschlagen und in jedes Herz 1 Ei gleiten lassen. Mit Salz und Pfeffer würzen. Auf kleiner Hitze so lange braten, bis die Eier gestockt sind.

Die Herzen vorsichtig aus der Pfanne heben und auf einem Teller arrangieren. Mit Ketchup weitere Herzen auf den Teller spritzen.

Für 2 Herzen

2 Wiener Würstchen
1 Tl Öl
2 Eier
Salz
Pfeffer
Ketchup

Zubereitungszeit: ca. 5 Minuten
(plus ca. 10 Minuten zum Braten)

Tipp: Dieses Rezept lässt sich vielfach variieren. Hier ein paar Vorschläge

1. Wer lieber Rührei mag, kann die Würstchen selbstverständlich auch mit Rührei füllen. Dafür die Eier verquirlen, salzen, pfeffern und nach Belieben noch gehackten Schnittlauch oder gehackte Petersilie unterrühren. In die Herzen füllen und bei geringer Hitze stocken lassen.

2. Statt Herzen können auch sehr gut Blüten gebacken werden. Dafür aus möglichst großen, bunten Paprikas aus dem dicken, oberen Teil ca. 1 cm dicke Ringe herausschneiden. Diese von den Trennhäuten und Kernen befreien, waschen und trocken tupfen. Dabei behutsam vorgehen, denn die Ringe dürfen nicht brechen. Die Ringe in die heiße Pfanne legen, dann in jeden Ring 1 kleines Ei gleiten lassen.

3. Auch Gemüsezwiebeln eignen sich als Spiegelei-Former. Hierfür die Zwiebel schälen und in dicke Scheiben schneiden. Die inneren Zwiebelringe entfernen, sodass nur 1 großer dicker äußerer Ring bestehen bleibt. Diesen von beiden Seiten zuerst goldbraun in der Pfanne anbraten, dann 1 kleines Ei hineingleiten lassen. Salzen, pfeffern und z.B. in Form von Olympischen Ringen auf einer Platte arrangieren.

Sag's durch die Blume

Für 1 Strauß

10 künstliche Rosenstängel
10 große, rote Erdbeeren
30 g weiße Kuvertüre
50 g Zartbitterschokolade

Zubereitungszeit:
ca. 20 Minuten

Von den Rosenstängeln die Blüten mit einer Schere abschneiden. Dabei darauf achten, dass sowohl die kleinen grünen Blütenblätter als auch die Noppen oben, an denen die Blüten befestigt sind, stehen bleiben. Die Stängel waschen und trocknen.

Die Erdbeeren waschen, trocknen und den Stielansatz entfernen. Die Kuvertüre und die Zartbitterschokolade in 2 Gefäßen im Wasserbad zerlassen. Zuerst die Erdbeeren mit der breiten Seite ca. 1,5 cm tief in die weiße Kuvertüre tauchen. Auf einem Kuchengitter aufgestellt trocknen lassen. Dann die Erdbeeren ca. 1 cm tief in die dunkle Schokolade tauchen, erneut trocknen lassen.

Die Erdbeeren wie auf dem Foto auf die Rosenstiele setzen. Einige Erdbeeren oben kreuzweise einschneiden und vorsichtig auseinanderdrücken.

Für 4 Blumen

4 Stängel Thai-Basilikum
2 Bockwürstchen
1 El Öl
4 kleine Eier
Salz

Zubereitungszeit:
ca. 10 Minuten
(plus ca. 10 Minuten
zum Braten)

Wurstblume

Das Basilikum waschen und trocken tupfen. Die Stängel auf einem ausreichend großen Teller arrangieren. Die Würstchen längs halbieren. Die Hälften längs im Abstand von ca. 3 mm von jeweils 1 Seite mit einem scharfen Messer ein-, aber nicht durchschneiden.

Das Öl erhitzen. Die Würstchen mit der eingeschnittenen Seite nach außen kreisrund anordnen. Falls die Würstchen nicht halten, mit einem Zahnstocher zusammenstecken. In die Pfanne geben und sofort jeweils 1 Ei in die Mitte gleiten lassen. Leicht salzen.

Die Eier bei mittlerer Temperatur stocken lassen. Dann vorsichtig mit einem Pfannenwender aus der Pfanne heben und am Ende der Basilikumstängel als Blüten platzieren.

Würstchen-Amor

Für 3 Herzen

3 große Basilikumblätter
3 Holzstäbchen
3 kleine Wiener Würstchen

Zubereitungszeit:
ca. 5 Minuten

Das Basilikum waschen und trocken tupfen. Jeweils 1 Basilikumblatt leicht wellig (wie eine Gardine) auf 1 Holzstäbchen aufstecken. Dabei die Blattspitze nach außen zeigen lassen.

Die Würstchen sehr schräg halbieren. Die Schnittflächen so aneinandersetzen, dass ein Herz entsteht. Dieses mit dem Holzstäbchen wie Amors Pfeil durchstechen. Mit den anderen Würstchen genauso verfahren.

Besonders hübsch: Dazu Herz-Tomaten arrangieren: Für 1 Herz 2 Datteltomaten sehr schräg halbieren. Die kleineren Hälften naschen, die größeren an den Schnittflächen so aneinandersetzen, dass wiederum ein Herz entsteht. Ebenfalls mit Holzstäbchen feststecken.

Herziger Salat

Für 1 Portion

Für das Eier-Herz: 1 Ei • 1 Stück weißen Foto-Karton, ca. 15 x 7 cm • 1 Ess-Stäbchen • 2 Haushaltsgummis

Für den Salat: 100 g Feldsalat • 30 g Speckwürfel • 1/2 El Kräuteressig • 1,5 El Olivenöl • Salz • Pfeffer • 1 Prise Zucker • 2 Tl frisch gehackte Schnittlauchröllchen

Zubereitungszeit: ca. 25 Minuten (plus ca. 20 Minuten zum Festwerden)

Tipp

Ein wenig Übung ist schon nötig, um das Ei in die gewünschte Form zu bringen. Zudem funktioniert das Rezept am besten bei ganz frischen Eiern. Bei diesen hat sich noch keine große Luftblase gebildet und das Eigelb ist in der Regel schön mittig platziert.

Das Ei anpiksen und in kochendem Wasser ca. 8 Minuten hart kochen. Sofort in Eiswasser abschrecken und pellen.

Den Foto-Karton längs falten. Das noch heiße Ei mittig hineinlegen. Nun das Ess-Stäbchen längs darüberlegen und vorsichtig hinunterdrücken, sodass das Ei eine Einkerbung erhält. Mit den Haushaltsgummis den Karton mit den Ess-Stäbchen zusammenbinden, sodass der sanfte Druck erhalten bleibt. Das Ei zum Abkühlen in den Kühlschrank legen.

Währenddessen den Feldsalat putzen, waschen und trocken schleudern. Die Speckwürfel in einer Pfanne ohne Fett kross braten. Aus Essig, Öl, Salz, Pfeffer und Zucker eine Vinaigrette rühren. Die Schnittlauchröllchen unterrühren. Mit dem Feldsalat mischen. Die Speckwürfel darüberstreuen. Das vorbereitete Ei aus dem Kühlschrank nehmen, vorsichtig in Scheiben schneiden und auf dem Salat arrangieren.

Gurken-Häschen

Für 1 Häschen

3 Salatgurkenscheiben
2 Blätter Feldsalat
ca. 1 Tl Frischkäsecreme
1 schwarze Olive
2 Maiskörner
1 Kidneybohne
3 Schnittlauchhalme
etwas krause Petersilie

Zubereitungszeit:
ca. 5 Minuten

Die untere Gurkenscheibe auf eine Platte legen. Die 2. Scheibe unten mit etwas Frischkäsecreme bestreichen und leicht versetzt auf die untere legen. Mit der 3. Scheibe genauso verfahren, diese obenauf legen. Den Feldsalat waschen und trocken tupfen. Die Blätter zwischen die obere und mittlere Gurkenscheibe als Ohren klemmen.

Etwas Frischkäsecreme in einen Spritzbeutel mit glatter Lochtülle füllen und 2 kleine Tupfen auf die obere Gurkenscheibe als Augen spritzen. Aus der schwarzen Olive 2 kleine runde Kappen abschneiden. Je 1 davon auf 1 Frischkäseklecks als Pupille kleben.

Die Maiskörner als Zähne auf die mittlere Gurkenscheibe legen. Die Kidneybohne quer halbieren. Mit etwas Frischkäsecreme als Schnauze aufkleben. Die Schnittlauchhalme waschen, trocken tupfen und in ca. 4 cm lange Stücke schneiden. Jeweils 3 Halmstücke pro Seite an die Schnauze legen. Zum Schluss die krause Petersilie als Hasenschwänzchen anlegen.

Osterhasen aus dem Tontopf

Für ca. 6 Häschen

150 g Magerquark
6 El Milch
6 El Öl
70 g Zucker
2 P. Vanillezucker
Salz
300 g Mehl
1 P. Backpulver
100 g Vollmilchschokolade

Außerdem

1 Eigelb und 1 El Milch zum Bestreichen
Rosinen und Mandelstifte zum Verzieren
6 kleine Tontöpfe
Mehl für die Arbeitsfläche

Zubereitungszeit ca. 40 Minuten (plus ca. 25 Minuten Backzeit, ca. 30 Minuten Zeit zum Auskühlen und ca. 30 Minuten Zeit zum Aushärten)

Quark in ein Sieb geben und abtropfen lassen. Tontöpfe ca. 30 Minuten in kaltes Wasser stellen. Aus Backpapier 6 Kreise (à 14 cm ø) zuschneiden, von 1 Seite hin zur Kreismitte einschneiden. Die Tontöpfe aus dem Wasserbad nehmen, trocknen und mit dem Backpapier auslegen.

Den Backofen auf 200 °C vorheizen. Den Quark in eine Schüssel geben. Mit Milch, Öl, Zucker, Vanillezucker und 1 Prise Salz verrühren. Mehl mit Backpulver mischen und dazusieben. Alles miteinander zu einem geschmeidigen Teig verkneten. Falls er klebt, etwas Mehl dazugeben. 1/3 Teig für die Köpfe und Ohren beiseitelegen. Den restlichen Teig in 6 gleich große Stücke teilen. Die Hälfte der Schokolade hacken. In die Mitte von jedem Teigstück etwas gehackte Schokolade drücken, dann die Teigkugeln in die Tontöpfe legen. Das Eigelb mit Milch verrühren und mit einem Teil davon die Teigkugeln bepinseln. Auf der mittleren Schiene ca. 14 Minuten backen. Herausnehmen und abkühlen lassen.

Für die Köpfe aus dem restlichen Teig 6 tropfenförmige Kugeln rollen. Die dünne Spitze mit einem scharfen Messer einschneiden – das ergibt später die Ohren. Mit den Rosinen Augen und Nasenspitze markieren, jeweils 3 Mandelsplitter rechts und links der Nasenspitze in den Hasenkopf drücken – das ergibt später den Bart. Die Köpfe auf ein mit Backpapier belegtes Backblech setzten. Mit dem restlichen verquirlten Eigelb bepinseln und auf der mittleren Schiene ca. 10 Minuten backen. Herausnehmen und abkühlen lassen.

Die restliche Schokolade im Wasserbad schmelzen. Auf die Unterseite der Hasenköpfe streichen und diese sofort auf die Körper drücken. Erstarren lassen und noch am gleichen Tag verzehren.

Für 4 Hasen 50 g Zartbitterschokolade • 200 g Puderzucker • 2 El Zitronensaft • 4 Amerikaner • 8 Biskuit-Katzenzungen • 8 Mandeln ohne Haut • 8 Mandelstifte

Zubereitungszeit ca. 15 Minuten (plus ca. 30 Minuten Zeit zum Trocknen)

Schnelle Hasen

Die Schokolade hacken und im Wasserbad schmelzen. Den Puderzucker mit dem Zitronensaft und etwas Wasser zu einer dicken, weißen Creme rühren. Die Amerikaner auf der glatten Seite mit Zuckerguss bepinseln. Die Biskuitzungen ebenfalls mit Zuckerguss verzieren.

In den noch feuchten Guss jeweils 2 Mandeln als Augen drücken. Mit der Schokolade die Pupillen daraufpinseln. Jeweils 2 Katzenzungen als Ohren schräg oberhalb der Augen in die Amerikaner stecken. Alles vollständig trocknen lassen.

Die weißen Hasen mit der geschmolzenen Schokolade verzieren und eine Nasenspitze, einen Mund und Schnurrbarthaare aufzeichnen. Auf den Mund jeweils 2 Mandelsplitter als Zähne kleben.

Wer möchte, kann die Amerikaner auch mit Zartbitterschokolade überziehen und die Hasen mit Puderzucker-Guss verzieren.

Ostereier

Den Sandkuchen zerkrümeln und mit Frischkäse und Puderzucker zu ca. 20 Eiern rollen. Die Eier für ca. 15 Minuten ins Tiefkühlfach stellen. Sie sollen durchgehärtet sein, aber nicht gefroren.

Nun nach und nach die verschiedenen Schmelzdrops zerlassen. Dafür jeweils 1 Farbe im Wasserbad schmelzen. 5 Stiele ca. 2 cm hineintauchen und ebenso tief in 5 Eier stecken. Kurz trocknen lassen, dann die 5 Cake-Pops in die Farbe tauchen. In ein hohes Glas stellen und mit Zuckerperlen verzieren. Mit den restlichen Cake-Pops und Farben ebenso verfahren. Falls die Schmelzdrops zähflüssig werden sollten, mit etwas geschmolzenem Kokosfett verdünnen.

Wenn die Cake-Pops vollständig ausgehärtet sind, können sie mit Zuckerschrift nach Belieben bemalt werden.

Für ca. 20 Stück

500 g Sandkuchen (FP)
150 g Frischkäse
100 g Puderzucker

Für die Hülle

100 g Schmelzdrops in Hellgrün
100 g Schmelzdrops in Hellblau
100 g Schmelzdrops in Gelb
100 g Schmelzdrops in Rot

Außerdem

bunte Zuckerperlen
Zuckerschrift zum Bemalen
20 Lollipop-Sticks
Kokosfett zum Verdünnen

Zubereitungszeit ca. 30 Minuten (plus ca. 15 Minuten Tiefkühlzeit und 20 Minuten Trockenzeit)

Schäfchen-Herde

Alle Zutaten für den Teig zügig zu einem glatten Teig verkneten. In Folie wickeln und für ca. 1 Stunde im Kühlschrank ruhen lassen. Den Backofen auf 180 °C vorheizen, 2 Backbleche mit Backpapier belegen.

Den Teig auf einer bemehlten Arbeitsfläche ca. 4 mm dick ausrollen. 14 Kreise zwischen 7 und 9 cm Durchmesser ausstechen. Den restlichen Teig erneut ausrollen und ebenso viele kleine Kreise von ungefähr 3 cm Durchmesser ausstechen. Die großen Kreise auf das Backblech legen. Die kleinen Kreise von einer Seite mit verquirltem Eiweiß bepinseln und diese an den oberen Rand der großen Kreise kleben. Die Mandelblättchen ebenfalls von 1 Seite mit Eiweiß bepinseln und als Ohren rechts und links auf den kleinen Kreis kleben. Zum Schluss die Mandeln mit Haut längs halbieren und unten als Beine halb in den Teig drücken und halb herausstehen lassen. Auf der mittleren Schiene ca. 13 Minuten backen. Herausnehmen und vollständig abkühlen lassen.

Zum Verzieren die Kuvertüre hacken, im Wasserbad schmelzen und 3–4 Schafe damit komplett, bis auf die Beine, bepinseln. Die Körper dieser Schafe mit Schokoraspeln bestreuen, Schokoraspeln auch auf die Ohren kleben. Trocknen lassen.

Den Puderzucker mit Zitronensaft verrühren und die restlichen Schafe, bis auf die Beine, damit bepinseln. Die Körper dieser Schafe und die Ohren mit Kokosraspeln bestreuen. Trocknen lassen. Den dunklen Schafen mit weißer Zuckerfarbe Augen und Münder malen, die hellen Schafe mit dunkler Zuckerfarbe verzieren. Alles trocknen lassen.

Für ca. 14 Schäfchen

Für den Teig
250 g Mehl
1 gestrichener Tl Backpulver
80 g Zucker
1 P. Vanillezucker
1 Tl abgeriebene Schale von
1 unbehandelten Zitrone
1 Prise Salz
2 Eigelbe
150 g Butter

Außerdem
1 Eiweiß
ca. 28 Mandelblättchen
ca. 14 Mandeln mit Haut
50 g Zartbitterkuvertüre
30 g Schokoraspel
150 g Puderzucker
1 El Zitronensaft
50 g Kokosraspel
weiße und braune Zuckerschrift
aus der Tube
Mehl für die Arbeitsfläche

Zubereitungszeit ca. 50 Minuten
(plus ca. 1 Stunde Kühlzeit,
ca. 13 Minuten Backzeit,
30 Minuten Zeit zum Auskühlen
und ca. 40 Minuten Trockenzeit)

Glibberköpfe für Grusel-Fans

Die Götterspeise nach Packungsanweisung, allerdings mit dem Apfelsaft, zubereiten. Eine flache Form mit kaltem Wasser ausspülen, die noch flüssige Götterspeise hineingießen und für ca. 2 Stunden kalt stellen, bis sie fest ist.

Währenddessen die Orangen heiß waschen und trocknen. An einer Seite leicht begradigen, sodass sie gut stehen können. Auf der anderen Seite eine kleine Kappe abschneiden.

Die Früchte sorgfältig mit einem Teelöffel aushöhlen. Dann mit einem spitzen Messer wie abgebildet Augen und Mund hineinschneiden. Die Götterspeise auf eine Arbeitsplatte stürzen und hacken. In die Orangen hineinfüllen. Mit der roten Lebensmittelfarbe etwas Blut aus den Mundwinkeln rinnen lassen.

Tipp

Diese Orangen sind ruck, zuck hergestellt und machen sich besonders gut auf Halloween-Buffets. Wenn Kinder mitessen, halten Sie sich an diese nicht-alkoholische Variante. Bei einem Buffet für Erwachsene kann die Götterspeise auch mit Wodka aromatisiert werden. Für 1 Packung Götterspeise einfach 100 ml Wodka verwenden. Die restliche Flüssigkeit besteht aus Wasser oder Saft, z. B. Cranberry-Saft. Schön ist auch, die Köpfe mit unterschiedlich farbiger Götterspeise zu füllen.

Für 4 Köpfe

1 Beutel Götterspeise Himbeergeschmack • 400 ml Apfelsaft • 100 g Zucker • 4 unbehandelte Orangen • etwas rote Lebensmittelfarbe aus der Tube

Zubereitungszeit: ca. 15 Minuten (plus ca. 2 Stunden zum Festwerden)

Geister-Cupcakes

Das Eiweiß mit Salz, Zucker und Backpulver im kochenden Wasserbad ca. 4 Minuten steif schlagen. Dann herausnehmen und weitere 8 Minuten schlagen, bis die Masse kalt ist und sich feste, glänzende Spitzen bilden.

Die Muffins in schwarze Papierförmchen setzen. Auf jeden Muffin mit etwas Icing-Masse 1 Baisertuff kleben. Darum herum die Icing-Masse möglichst hoch auftürmen und oben spitz zulaufen lassen. Aus schwarzem Fondant oder Lakritz kleine Stücke für die Augen und den Mund formen und diese mit einer Pinzette auf den Gespenstern drapieren. Sofort servieren.

Für 12 Geistercupcakes

4 ganz frische Eiweiß
1 Prise Salz
200 g Zucker
1 Prise Backpulver
12 Muffins (FP)
12 Baisertuffs

Außerdem

12 schwarze Papierförmchen
etwas schwarzer Fondant (ersatzweise Lakritz)

Zubereitungszeit:
ca. 30 Minuten

Für 6 Kerzen

100 g Puderzucker
6 gefüllte Waffelröllchen (ca. 6 cm lang)
6 Schoko-Lebkuchen in Blumenform
ca. 50 g Marzipanrohmasse
gelbe Lebensmittel-Pastenfarbe

Zubereitungszeit: ca. 15 Minuten

Keks-Kerze

Den gesiebten Puderzucker mit 2 Teelöffeln Wasser zu einer dicken Paste verrühren. Die Waffelröllchen hochkant mittig auf die Schoko-Lebkuchen kleben. Dann etwas Puderzuckerguss wie Kerzenwachs von den Keksrollen zum Lebkuchen laufen lassen.

Die Marzipanmasse mit etwas Lebensmittelfarbe gelb färben. 6 kleine Kugeln rollen, diese an einer Seite spitz zulaufen lassen und mit etwas Puderzuckerguss oben auf die Keksrollen kleben. Alles trocknen lassen.

Diese Tischdekoration passt sowohl zum Adventskaffee als auch zu Halloween. Dafür dunkle Schokoröllchen verwenden, den Puderzuckerguss rot einfärben und das Marzipan ebenfalls dunkel färben.

Heiße Blutsuppe aus kalter Hand

Die Tomaten waschen, die Stielansätze entfernen und die Früchte grob hacken. Die Zwiebeln und die Knoblauchzehe schälen und hacken. Das Olivenöl in einem ausreichend großen Topf erhitzen.

Zwiebelwürfel darin unter Rühren ca. 10 Minuten dünsten. Den Knoblauch dazugeben. Kurz anschwitzen, dann die Tomaten mit 250 ml Wasser oder Gemüsefond dazugeben. Thymian waschen, trocknen und die Blättchen abzupfen. Zusammen mit den Lorbeerblättern in die Suppe geben. Alles salzen, pfeffern und ca. 25 Minuten köcheln lassen. Währenddessen den Backofen auf 200 °C vorheizen.

Den Blätterteig leicht antauen lassen. Aus jeder Platte 5 Streifen schneiden. Jeweils 1 Streifen etwas kürzen. Daraus den Daumen basteln. Auf jeden „Finger“ vorne 1 Mandel drücken. Die Finger sacht in Form drücken. Eigelb mit Sahne verquirlen und die Finger dünn damit bestreichen. Mit Sesamsaat bestreuen und wie auf der Abbildung um eine feuerfeste Henkeltasse legen.

Die Tassen für ca. 20 Minuten in den heißen Ofen stellen oder legen, bis der Blätterteig schön aufgegangen ist. Vorsichtig herausnehmen. Aus der Suppe die Lorbeerblätter entfernen, die restliche Suppe pürieren. Mit Salz, Pfeffer und Aceto balsamico abschmecken. Die Suppe in die Tassen füllen. Mit Sahne 3 Kreise in die Suppe gießen. Diese mit einem Holzstäbchen spinnennetzartig verbinden, dafür mit dem Stäbchen von innen nach außen fahren. Sofort servieren.

Für 4 Portionen

Für die Suppe
- 1,5 kg reife Tomaten
- 2 Zwiebeln
- 1 Knoblauchzehe
- 2 El Olivenöl
- 250 ml Wasser oder Gemüsefond
- 4 Zweige Thymian
- 3 Lorbeerblätter
- Salz
- Pfeffer
- Aceto balsamico

Für die Hände
- 4 Platten TK-Blätterteig
- 20 Mandeln
- 2 Eigelb und 2 El Sahne zum Bestreichen
- 2 El Sesamsaat zum Bestreuen

Außerdem
- ca. 100 ml Sahne zum Verzieren

Zubereitungszeit:
ca. 45 Minuten (plus ca. 20 Minuten zum Backen)

Grusel-Hände in ewigem Eis

Für 4 Hände

2 Beutel rote Götterspeise (für 500 ml Wasser)
100 g Zucker
4 große Baiser (oder 1 Beutel kleine)
250 ml Sahne

Außerdem

4 Haushaltshandschuhe

Zubereitungszeit ca. 20 Minuten
(plus ca. 3 Stunden Kühlzeit)

Das Götterspeisenpulver mit 1 l kaltem Wasser verrühren. Ca. 5 Minuten quellen lassen. Dann den Zucker darunterrühren und alles unter Rühren erhitzen, aber nicht kochen. Den Topf vom Herd nehmen.

4 Haushaltshandschuhe nacheinander anziehen und gründlich waschen. Trocknen und über die Hand auf links drehen (innen sind fast alle Handschuhe mittlerweile beschichtet). Die gerade noch flüssige Götterspeise hineinfüllen. Die Handschuhe mit einem Faden zubinden und zum Erstarren mindestens 3 Stunden in den Kühlschrank legen.

Kurz vor dem Servieren die Baisers in einen Gefrierbeutel geben und mit einem Nudelholz in grobe Stücke brechen. Die Sahne steif schlagen und die Baiserbrocken unterheben.

Die Handschuhe mit einem scharfen Messer einschneiden und die Götterspeisenhände herauslösen. Die Trümmersahne auf einer Platte verteilen und die Götterspeisenhände darauf anrichten.

Fratzenküsse

Die Zartbitterschokolade im Wasserbad schmelzen. Die Mandelsplitter damit an einem Ende bepinseln und trocknen lassen. Die Fruchtgummis in 10 feine Scheiben schneiden.

Oben auf den Schokoküssen mit roter Lebensmittelfarbe 2 Punkte markieren, dann pro Schokokuss 2 Mandelsplitter als Hörner hineinstecken. Mit roter oder schwarzer Lebensmittelfarbe die Augen malen. Mit einem Tupfen Lebensmittelfarbe die Lakritzscheiben als Mund festkleben.

Für 10 Teufelsfratzen

30 g Zartbitterschokolade
20 Mandelsplitter
2–3 Lakritzfruchtgummis
10 Mini-Schokoküsse
rote und schwarze Lebensmittelfarbe

Zubereitungszeit ca. 15 Minuten (plus ca. 15 Minuten Zeit zum Trocknen)

Die Erdbeeren waschen, trocknen und die Stielansätze entfernen. Auf der breiten Seite wenn nötig leicht begradigen, damit die Nikoläuse einen sicheren Stand haben. Von allen Erdbeeren das obere, spitze Drittel als Nikolausmütze abschneiden und beiseitelegen.

Mascarpone mit Doppelrahmfrischkäse, Zucker und Zitronensaft cremig rühren. In einen Spritzbeutel mit Lochtülle füllen. Auf jede Erdbeere den Nikolauskopf spritzen, dann die Mützen aufsetzen. Auf jede Mütze einen Tupfen setzen. Weitere Tupfen als Knöpfe auf dem unteren Erdbeerteil verteilen.

Zum Schluss vorsichtig die Schokotropfen als Augen auf den Nikolausköpfen verteilen. Bis zum Servieren kühl stellen.

Verirrte Nikoläuse

Für 10 Nikoläuse

10 schöne, große Erdbeeren
50 g Mascarpone
100 g Doppelrahmfrischkäse
75 g Zucker
1 Spritzer Zitronensaft
20 dunkle Schokotropfen

Zubereitungszeit: ca. 15 Minuten

Weihnachtsbaum-Cupcakes

6 El Milch mit den Eigelben und der Speisestärke gut verquirlen. Die restliche Milch mit dem Zucker unter Rühren aufkochen. Die verquirlten Eigelbe dazugießen, dabei ständig rühren. Alles einmal aufwallen lassen, dann vom Herd nehmen und auf Zimmertemperatur abkühlen lassen. Ab und zu umrühren.

Die weiche Butter ca. 15 Minuten schaumig schlagen. Esslöffelweise den Pudding dazuquirlen. Nach und nach die gemahlenen Pistazien unterrühren. Zum Schluss etwas grüne Lebensmittel-Pastenfarbe dazugeben, bis der gewünschte Grünton erreicht ist. Die Creme in einen Spritzbeutel mit kleiner Sterntülle füllen und ca. 1 Stunde kühl stellen.

Die Muffins etwas begradigen und mit Kakaopulver bestäuben. Mit etwas Creme jeweils 1 Praline obenauf kleben. Die restliche Creme in kleinen Tupfen darum herum und darauf zu einem Weihnachtsbaum spritzen. Diesen mit goldenen Zuckerperlen verzieren. Bis zum Servieren kühl stellen.

Für 12 Weihnachtsbäume

500 ml Milch
4 Eigelbe
45 g Speisestärke
120 g Zucker
150 g weiche Butter
100 g ganz fein gemahlene Pistazien
etwas grüne Lebensmittel-Pastenfarbe
12 Schokomuffins (FP)
Kakaopulver zum Bestäuben
12 Pralinen
goldene Zuckerperlen zum Verzieren

Zubereitungszeit: ca. 30 Minuten
(plus 1 Stunde 30 Minuten zum Abkühlen)

Für 1 Schneemann

50 g Puderzucker
3 Pfeffernüsse
1 runder doppelter Butterkeks
1 runder Schokokeks
1 Dominostein
1 rote Zuckerperle für die Nase
braune oder schwarze Lebensmittelfarbe in der Tube
Puderzucker zum Dekorieren

Zubereitungszeit: ca. 10 Minuten (plus ca. 50 Minuten zum Aushärten)

Schneemänner

Den Puderzucker mit ganz wenig Wasser zu einer dicken Paste verrühren. Die erste Pfeffernuss damit mittig auf den doppelten Butterkeks kleben. Die zweite Pfeffernuss daraufkleben. Mit der dritten Pfeffernuss abschließen. Zum Schluss wie abgebildet den runden Schokokeks obenauf kleben und darauf den Dominostein.

Als Nase 1 rote Zuckerperle auf die oberste Pfeffernuss kleben. Darüber mit der Lebensmittelfarbe Tupfen für die Augen setzen. Nach Belieben damit auch einen Mund malen und Tupfen für die Knöpfe auf die unteren Pfeffernüsse setzen. Die Schneemänner mit Puderzucker berieseln und alles trocknen lassen.

Dicke Nikoläuse

Für den Teig alle Zutaten auf Zimmertemperatur erwärmen. Die Milch in einem Topf erhitzen, bis sie lauwarm ist, dann vom Herd nehmen. Die Hefe hineinbröckeln, 1 El Mehl und 1 El Zucker unterrühren. Abdecken und diesen Vorteig ca. 20 Minuten gehen lassen.

Den Vorteig mit dem restlichen Mehl, dem restlichen Zucker, der Butter, den Eiern und 1 Prise Salz verkneten, zur Kugel rollen und abgedeckt an einem warmen Ort weitere 60 Minuten gehen lassen, bis der Teig sein Volumen verdoppelt hat.

Den Backofen auf 200 °C vorheizen, die Mulden eines Muffinblechs mit Butter einfetten. Den Teig auf einer bemehlten Arbeitsfläche kräftig durchkneten und in 10 Stücke teilen. Daraus dann 10 große und 10 kleine Kugeln rollen. Die großen Kugeln in das Muffinblech setzen. Mit einem Finger oder mit dem Kochlöffelstiel eine Vertiefung in die Mitte drücken. Das Eigelb mit der Milch verquirlen und die Mulden damit bepinseln. Die kleinen Kugeln daraufsetzen und leicht andrücken. Mit dem restlichen Eigelb bepinseln. Alles mit einem Küchentuch abdecken, weitere 10 Minuten gehen lassen.

Auf der mittleren Schiene 15–20 Minuten backen. Aprikosenkonfitüre erhitzen bis sie flüssig wird, dann vom Herd nehmen. Die Brioches herausnehmen und aus dem Muffinblech stürzen. Sofort mit der flüssigen Aprikosenkonfitüre überziehen. Die unteren Hälften in ein Kokosraspel-Bad tauchen, sodass es so aussieht, als würden die Nikoläuse im Schnee stehen. Alles vollständig auskühlen lassen.

Das Marzipan mit etwas roter Lebensmittelfarbe und 50 g Puderzucker verkneten. Ausrollen und 10 Kreise ausstechen, dabei einen kleinen Rest Marzipan zurückbehalten. Aus diesem 20 kleine Kügelchen rollen. Die Kreise auf den Köpfen der Nikoläuse platzieren und 10 Kügelchen als Bommel draufdrücken. Den restlichen Puderzucker mit dem Eiweiß verrühren und die Creme in eine Spritztülle füllen. Jedem Nikolaus einen Rauschebart aufspritzen und die Zipfelmützen verzieren. Mit 2 Tupfen jeweils die Augen markieren. 2 Zuckerperlen als Augen in die noch feuchten Tupfen kleben und jeweils 1 kleine Marzipankugel als Nase über den Rauschebart kleben. Alles aushärten lassen.

Für ca. 10 Nikoläuse

Für den Teig
100 ml Milch • 1/2 Würfel Hefe (20 g) • 250 g Weizenmehl (Type 550) • 50 g Zucker • 100 g Butter • 2 Eier • Salz

Außerdem
1 Eigelb und 1 El Milch zum Bestreichen • 3 El Aprikosenkonfitüre • 100 g Kokosraspel • 100 g Marzipanrohmasse • rote Lebensmittelfarbe • 150 g Puderzucker • 1 Eiweiß • Zuckerperlen zum Verzieren • Mehl für die Arbeitsfläche • Butter für das Blech

Zubereitungszeit ca. 40 Minuten (plus ca. 1 Stunde 30 Minuten Zeit zum Gehen, ca. 20 Minuten Backzeit und ca. 30 Minuten Zeit zum Auskühlen)

Schneemänner am Stiel

Das Eiweiß steif schlagen und mit dem gesiebten Puderzucker mischen. Pro Schneemann auf die Unterseite von 2 Pfeffernüssen etwas Zuckerguss streichen und einen Holzspatel aufkleben. Darauf wieder etwas Zuckerguss geben und 2 Pfeffernüsse aufkleben, sodass 2 Doppeldecker entstehen. Alles leicht festdrücken.

Jeweils untereinander 3 Smarties mit Zuckerguss auf den unteren Pfefferkuchen kleben. Außerdem mit den Smarties Augen und Nasen auf die oberen Pfeffernüsse kleben. 1 Lakritzschnecke entrollen und 8 kleine Stücke abschneiden. Diese unterhalb der Nasen als Münder ankleben. Oben auf den Kopf mit Zuckerguss die restlichen Lakritzschnecken kleben und darauf mit dem restlichen Zuckerguss die Dominosteine anbringen. Alles vollständig trocknen lassen.

Für 8 Schneemänner

1 Eiweiß
100 g Puderzucker
32 weiße Pfeffernüsse
48 kleine Smarties
9 Lakritzschnecken
8 Dominosteine

Außerdem

8 Holzspatel aus der Apotheke

Zubereitungszeit ca. 15 Minuten
(plus ca. 30 Minuten Trockenzeit)

Für ca. 30 Stück

500 g Puderzucker
2 Eiweiß
Salz
Zuckerperlen zum Verzieren
Satinband

Zubereitungszeit ca. 30 Minuten
(plus ca. 1 Tag Zeit zum Trocknen)

Baiser-Weihnachtsdeko

Den Puderzucker in eine Schüssel sieben. Eiweiß mit 1 Prise Salz in einer zweiten Schüssel steif schlagen. Mit dem Schneebesen des Handrührgeräts erst langsam, dann schneller den Puderzucker unter die Eiweißmischung rühren.

Die Masse in einen Spritzbeutel mit Lochtülle füllen und auf Backpapier verschiedene weihnachtliche Motive (z.B. Herzen, Sterne, Tannenbäume oder Stiefel) spritzen. Mit Zuckerperlen verzieren und anschließend bei Zimmertemperatur 1 Tag lang trocknen lassen. An Satinbänder knüpfen und aufhängen.

Für 1 Kuchen

500 ml Sahne • 500 g Vollmilchschokolade • 3 helle Biskuitböden (FP) • 1 Schokoladenbiskuitboden (FP) • 3 El Kirschkonfitüre

Außerdem

Fotokarton • geeignete, möglichst runde Schüssel (2 l Fassungsvermögen)

Zubereitungszeit: ca. 40 Minuten (plus ca. 4 Stunden zum Kühlen)

Fußballkuchen

Für die Füllung die Sahne unter Rühren aufkochen, dann vom Herd nehmen. Die Schokolade hacken und in die heiße Sahne geben. Nach 5 Minuten umrühren, bis eine glatte Masse entstanden ist. Auf Zimmertemperatur abkühlen lassen, dann mindestens 2 Stunden kühl stellen.

Die Schüssel kopfüber auf einen der hellen Biskuitböden stellen und diesen kreisrund damit ausstechen. Aus den restlichen Biskuitböden Fünf- und Sechsecke ausschneiden. Dafür auf Fotokarton einmal ein Fünfeck mit 4 cm Kantenlänge zeichnen und dann ein Sechseck ebenfalls mit jeweils 4 cm Kantenlänge. Beide geometrischen Formen ausschneiden und diese Schablonen zum Ausschneiden der Böden verwenden. Vom hellen Biskuit benötigt man ca. 8 Sechsecke, vom Schokobiskuit benötigt man ca. 6 Fünfecke.

Die Schüssel mit Wasser benetzen und mit Frischhaltefolie auslegen. In die Mitte unten hinein ein dunkles Fünfeck legen. Darum herum helle Sechsecke legen. In die entstandenen Lücken wieder Schokobiskuit legen und darum herum erneut den hellen Biskuit. Biskuit, der übrig bleibt, kann übrigens hervorragend für ein Trifle verwendet werden.

Für die Füllung die Sahne-Schoko-Mischung mit dem Handrührgerät steif schlagen. In die Form geben und glatt streichen. Den runden Biskuit mit Kirschmarmelade bestreichen und mit der Marmelade nach unten auf die Creme legen. Leicht festdrücken, dann mit Frischhaltefolie abdecken und bis zum Servieren mindestens 2 Stunden kühl stellen.

Zum Servieren die Frischhaltefolie entfernen, den Kuchen auf eine Platte stürzen und vorsichtig die restliche Frischhaltefolie abziehen.

Für 4 Portionen

1 Ananas • 200 g Erdbeeren oder Himbeeren • 1 El Zitronensaft • 2 El Puderzucker

Zubereitungszeit ca. 15 Minuten

ANANAS-FRITTEN MIT HIMBEER-KETCHUP

Die Ananas schälen und alles, bis auf den harten Mittelteil, in Stäbchen auf Pommes-Größe schneiden. Die Beeren waschen, trocknen und putzen. Mit dem Zitronensaft und dem Puderzucker pürieren. Zusammen mit den „Pommes" servieren.

Süsses Bier mit Vanilleschaum

Die Götterspeise in einem Topf mit 1 Liter kaltem Wasser und dem Zucker verrühren. Kurz stehen lassen. Die Aprikosen in ein Sieb geben und abtropfen lassen, den Saft dabei auffangen. Den Saft bis zur weiteren Verwendung kalt stellen. Die Früchte würfeln und die Hälfte davon auf Gläser verteilen.

Die Götterspeise nach Packungsanweisung erhitzen, aber nicht kochen. Leicht abkühlen lassen und die Hälfte davon in die Gläser über die Aprikosen gießen. Abkühlen lassen und für ca. 2 Stunden kühl stellen, bis die Götterspeise erstarrt ist. Restliche Götterspeise bei Zimmertemperatur stehen lassen.

Sobald die Götterspeise im Kühlschrank fest geworden ist, die restlichen Aprikosenwürfel darauf verteilen. Darauf die restliche Götterspeise gießen. Am besten über Nacht kalt stellen.

Kurz vor dem Servieren die Sahne mit dem Vanillezucker steif schlagen. So viel von dem aufgefangenen Aprikosensaft dazugießen, bis die Sahne schön cremig ist. Als Bierblume auf die Gläser verteilen und sofort servieren.

Für ca. 8 Portionen

2 Beutel Götterspeise Zitrone (für insgesamt 1 l Flüssigkeit)
200 g Zucker
1 Dose Aprikosen (425 ml)
400 ml Sahne
2 P. Vanillezucker

Zubereitungszeit ca. 25 Minuten (plus ca. 12 Stunden Kühlzeit)

Fußball-Pizza

Für den Vorteig die Hefe in 200 ml lauwarmes Wasser bröckeln. Mit 4 El Mehl, dem Zucker und 1 Prise Salz verrühren. Abgedeckt ca. 20 Minuten gehen lassen. Anschließend diesen Vorteig mit den restlichen Zutaten für den Teig verkneten. Zur Kugel rollen und mit einem Küchentuch bedeckt an einem warmen windgeschützten Ort ca. 1 Stunde gehen lassen, bis der Teig sein Volumen verdoppelt hat.

Den Spinat in einem Topf bei kleiner Hitze auftauen lassen. Den Knoblauch schälen, dazupressen, alles unter Rühren aufkochen und mit Salz und Pfeffer abschmecken. Vom Herd nehmen.

Den Backofen auf 200 °C vorheizen. Ein Backblech mit Backpapier auslegen und den Teig nochmals kräftig durchkneten. Auf einer bemehlten Arbeitsfläche auf Größe des Backblechs ausrollen und auf das Blech legen. An den Seiten einen kleinen Wulst formen, überhängende Teigstücke entfernen. Den Spinat auf die Pizza geben. Auf der mittleren Schiene ca. 30 Minuten backen.

Den Parmesan sehr fein reiben. Babymais abtropfen lassen. Den Gouda in babymaislange Sticks schneiden.

Die fertige Pizza sofort mit dem Parmesan wie ein Spielfeld bestreuen. In das eine Tor 1 Babymais, in das gegenüberliegende Tor 1 Goudastick stellen. Die anderen „Spieler" auf dem Spielfeld verteilen. Dem Gouda mit Ketchup und den Babymais mit Mayonnaise oben an der Spitze einen Punkt aufmalen. Zum Schluss die Mozzarellakugel auf das Spielfeld legen und mit Ketchup-Punkten verzieren.

Für 1 Blech

Für den Teig
1 Würfel Hefe • 500 g Mehl • 1 Prise Zucker • 1 Tl Salz • 5 El Olivenöl

Für den Belag
750 g TK-Blattspinat • 1–2 Knoblauchzehen • Salz • Pfeffer

Für die Dekoration
200 g Parmesan • 7 Babymais (aus dem Glas) • 70 g Gouda am Stück • Ketchup • Mayonnaise aus der Tube • 1 Kugel Minimozzarella

Außerdem
Mehl für die Arbeitsfläche

Zubereitungszeit ca. 40 Minuten (plus ca. 1 Stunde Zeit zum Gehen und ca. 20 Minuten Backzeit)

Fußball Cake-Pops

Für ca. 35 Stück

Für den Teig
325 g Butter
180 g Zucker
1 P. Vanillezucker
Salz
4 Eier
250 g Mehl
1 Tl Backpulver
1 Tl Vanilleextrakt
180 g Frischkäse
150 g Puderzucker

Außerdem
Butter zum Einfetten
Mehl zum Ausstäuben
500 g weiße Schmelzdrops
schwarze Kakaobutter
ca. 35 Lollipop-Sticks
Kokosfett

Zubereitungszeit ca. 60 Minuten (plus ca. 50 Minuten Backzeit, ca. 30 Minuten Zeit zum Auskühlen, ca. 2 Stunden Kühlzeit und ca. 1 Stunde Trockenzeit)

Den Backofen auf 180 °C vorheizen. Eine Kastenform (20 cm lang) mit Butter einfetten und mit Mehl ausstäuben. 250 g weiche Butter mit Zucker, Vanillezucker und 1 Prise Salz in eine Schüssel geben und mit dem Handrührgerät schaumig rühren.

Ein Ei nach dem anderen unterrühren. Mehl mit Backpulver mischen und über die Creme sieben. Vanilleextrakt dazugeben und alles zu einem glatten Teig verrühren. In die Form füllen, glatt streichen und auf der mittleren Schiene ca. 50 Minuten backen.

Den Kuchen herausnehmen, 5 Minuten in der Form stehen lassen, dann auf ein Kuchengitter stürzen. Völlig auskühlen lassen, die braunen Ränder dünn abschneiden und den Kuchen in einer Schüssel zerkrümeln.

In einer zweiten Schüssel die restliche weiche Butter mit dem Frischkäse und dem Puderzucker verrühren. Diese Masse zum Kuchen geben, alles vermengen und ca. 35 kleine Bälle rollen. Im Kühlschrank 2 Stunden fest werden lassen.

Für die Glasur die Schmelzdrops im Wasserbad schmelzen. Die geschmolzenen Drops im Topf immer wieder umrühren. Falls die Masse zu fest werden sollte, etwas Kokosfett unterrühren. Die Lollipop-Sticks ca. 2 cm tief in die Masse tauchen und dann ebenso tief in die Bälle stecken. Die Cake-Pops mit der Schmelzdropsmasse überziehen und in ein hohes Glas stellen, damit die überschüssige Masse abtropfen kann. Trocknen lassen.

Zum Fertigstellen die schwarze Kakaobutter im Wasserbad zerlassen und die Fußbälle mit einem feinen Pinsel mit schwarzen 8-Ecken bemalen. Vollständig trocknen lassen. Cake-Pops bis zum Verzehr kühl aufbewahren.

Rezeptverzeichnis

Herzhaftes

Süßes

Abkürzungsverzeichnis

ca.	=	zirka
cl	=	Zentiliter
cm	=	Zentimeter
El	=	Esslöffel
FP	=	Fertigprodukt
g	=	Gramm
kg	=	Kilogramm
l	=	Liter
Min.	=	Minute
ml	=	Milliliter
Msp.	=	Messerspitze
P.	=	Päckchen
Std.	=	Stunde
TK	=	tiefgekühlt
Tl	=	Teelöffel
Ø	=	Durchmesser

Einleitung und Rezepte: Nina Engels
Rezeptfotografie: Klaus Klaussen
Foodstyling: Alexandra Fornace

llustrationen
Fotolia.com
S. 1 (Tatzen, © shama65), S. 3 und 8 (Kraken, © Ropix), S. 2, 3, 14 und 15 (Haifische, © Ropix), S. 4 und 5 (Schildkröte, © Sainte-Laudy), S. 7 und 48 (Eule, © marta17), S. 8 und 58/59 (Fische, © Blanca), S. 13 und 103 (Spinne, © 007), S. 16 (Elefant, © Luisa), S. 18 (Igel, © Isis Ixworth), S. 26 (Ochse, © Luisa), S. 29 und 88 (Schmetterling, © dina_arno), S. 31 und 37 (Schlange, © Blanca), S. 35 und 128 (Krokodil, © lantapix), S. 43 (Seestern, © ysign), S. 44 (Krabbe, © zuzanaa), S. 46/47 (Knochen, © oculo), S. 51, 61 und 79 (Luftballons, © m_yulia), S. 52 (Bananen, © sellingpix), S. 52 (Münder, © dina_arno), S. 56/57 (Bordüre, © herzform), S. 61 (Girlande, © m_yulia), S. 63, 73 und 76/77 (Schiff, © Marem), S. 64 (Fledermäuse, © Konovalov Pavel), S. 65 (Fledermaus, © casaltamoiola), S. 67 (Käse, © novkota1), S. 67 (Maus, © Blanca), S. 74 (Dinosaurier, © Blanca), S. 80/81 (Ufo, © Jan Spurny), S. 85, 111 und 114 (Nikolaus, © cruffpics), S. 87 und 88 (Rose, © dina_arno), S. 87 (Genealogische Zeichen, © dina_arno), S. 88 (Erdbeere, © dina_arno), S. 90 (Blumen, © marta17), S. 91 und 92 (Herz, © dina_arno), S. 91 (Amors Pfeil, © dina_arno), S. 92 (Engel, © dina_arno), S. 94 und 99 (Hase springend, © Sergey YAkovlev), S. 94 (Hase sitzend, © barbulat), S. 104 (Geist, © casaltamoiola), S. 105 und 106 (Spinne, © 007), S. 106 (Spinnennetz, © Felix Pergande), S. 106 (Hand, © Zsolt Biczó), S. 108 (blutige Hand, © Stocksnapper), S. 112 (Schneeflocke, © senoldo), S. 126 und 127 (Affe hängend, © Alexander Potapov), S. 126 (Affe sitzend, © Alexander Potapov), S. 126 und 127 (Papagei, © Erica Guilane-Sanchez), S. 127 (Sonne, © ann-precious), S. 126 (Kaktus, © andròmina), S. 127 (Palme, © andròmina), S. 128 (Blumen, © samantha grandy), S. 128 (Rahmen, © VRD)

Alle übrigen Illustrationen: JB Bild|Text|Satz